COORDENAÇÃO EDITORIAL
JOSÉ AUGUSTO VIANA NETO E JAQUES GRINBERG

CORRETOR COACH

Copyright© 2019 by Literare Books International.
Todos os direitos desta edição são reservados
à Literare Books International.

Presidente:
Mauricio Sita

Capa:
Atomic Buzz

Diagramação:
Paulo Gallian

Revisão:
Rodrigo Rainho

Diretora de Projetos:
Gleide Santos

Diretora de Operações:
Alessandra Ksenhuck

Diretora Executiva:
Julyana Rosa

Relacionamento com o cliente:
Claudia Pires

Impressão:
Docuprint

Dados Internacionais de Catalogação na Publicação (CIP)
(eDOC BRASIL, Belo Horizonte/MG)

C824　Corretor coach / Coordenadores José Augusto Viana Neto, Jaques Grinberg. – São Paulo, SP: Literare Books International, 2019.
14 x 21 cm

ISBN 978-85-9455-255-6

1. Corretores de imóveis – Brasil. 2. Mercado imobiliário. I. Viana Neto, José Augusto. II. Grinberg, Jaques.
CDD 333.330981

Elaborado por Maurício Amormino Júnior – CRB6/2422

Literare Books International Ltda.
Alameda dos Guatás, 102 – Saúde– São Paulo, SP.
CEP 04053-040
Fone: (0**11) 2659-0968
site: www.literarebooks.com.br
e-mail: contato@literarebooks.com.br

Sumário

A corretagem e seu rumo 5
José Augusto Viana Neto

Corretor de imóveis, um grande desafio! Será? 13
Jaques Grinberg

Desenvolvendo relacionamentos
altamente produtivos 21
Andersom Bontorim

O poder e a influência da comunicação.
Qual a sua verdadeira importância? 29
Chrystiane Saggese

Marketing digital para corretores de imóveis 37
Cindy Krug Nawa

Corretor de imóveis:
a profissão que me escolheu 45
Cristiano Figueiredo de Moraes

Mercado imobiliário e suas atualizações 51
Dani Mauricio de Lima

O caminho simbólico do herói para o sucesso 57
Kleber Padoam Medeiro e Paulo Evaristo da Fonte

Afinal, em qual profissão o sucesso é fácil e rápido? 63
Marcelo Augusto Ferreira

Corretagem e sustentabilidade caminham juntas? 71
Sergio da Silveira

A "venda" do corretor de imóveis 79
Wagner Nogueira

Capítulo 1

A corretagem e seu rumo

José Augusto Viana Neto

Neste capítulo, o leitor será levado a refletir sobre o momento da corretagem no País e os rumos que a atividade pode tomar nos próximos anos. O objetivo é proporcionar o debate a respeito da importância do intermediador no mercado imobiliário, buscando o seu reconhecimento pela sociedade e pelas partes envolvidas nas negociações.

Corretor coach

José Augusto Viana Neto

É corretor de imóveis, com escritório no mesmo endereço há mais de 44 anos na cidade de Praia Grande-Litoral de São Paulo, e jornalista (MTB nº 0051001-SP). Presidente, pelo sétimo mandato, do Conselho Regional de Corretores de Imóveis do Estado de São Paulo – CRECISP - 2ª Região, Autarquia Federal que representa os interesses da categoria, que conta atualmente com mais de 200.000 inscritos dos quais 120.000 são ativos, com 31.820 empresas inscritas e mais de 7.000 estagiários. Atualmente, é Vice-presidente do Conselho Federal de Corretores de Imóveis (COFECI). Coordenador do Fórum dos Conselhos Federais de Profissões Regulamentadas, que reúne os 30 Conselhos Federais de Fiscalização Profissional, com sede em Brasília/DF, bem como Presidente da Câmara dos Profissionais Registrados em Conselhos e Ordens do Estado de São Paulo. Membro do Conselho de Controle de Atividades Financeiras – COAF (Ministério da Fazenda) e Coordenador Nacional de Fiscalização do Programa Minha Casa Minha Vida.

Contatos
www.crecisp.gov.br
viana@creci.org.br
(13) 99707-2244

José Augusto Viana Neto

Qual é a verdadeira função do corretor de imóveis? Somente aproximar vendedor e comprador, locador e locatário, sem envolvimento ou comprometimento com o negócio? Estou certo de que aqueles que atuam dessa forma estão fadados a um grande fracasso profissional. Cada vez mais, o corretor de imóveis tem que tomar consciência de que seu papel na sociedade é, fundamentalmente, o de proteger as partes envolvidas. E quando falo em proteção, incluo no termo as questões jurídicas, documentais e estruturais que envolvem uma propriedade, dentre outras.

O profissional que se dedica à corretagem é responsável pelo fornecimento de todas as informações acerca do negócio, esclarecendo as partes sobre possíveis riscos, irregularidades, problemas com documentação, disputas por heranças, e demais pontos que influenciam no fechamento do contrato, como a simples existência de uma feira na rua do imóvel. Com o Novo Código Civil, o corretor passou a ser corresponsável pela negociação e é por isso que a tramitação dos negócios imobiliários por meio desse profissional traz muito mais segurança à sociedade.

Além disso, sua atitude perante os colegas deve ser de respeito e ética, sem ultrapassar o que determina a legislação que rege a profissão. No que tange às placas de venda, por exemplo, é condição fundamental que o corretor faça seu anúncio em uma propriedade que já tenha uma placa afixada, somente se tiver notificado o outro colega de que irá fazê-lo e, apenas, se contar também com uma autorização do proprietário para a divulgação.

A imagem que a sociedade tem da categoria é o reflexo daquilo que nós mesmos transmitimos. E é esse trabalho ético e organizado que poderá sedimentar a importância do profissional corretor de imóveis para o mercado imobiliário!

É certo que, diante do cenário econômico brasileiro, onde pais e mães de família acumulam esforços para garantir o sustento de suas casas, merecem honrarias os profissionais que não colocam a sua remuneração em primeiro lugar, mas sim os objetivos das partes envolvidas no negócio. E esse deve ser o posicionamento constante do corretor, observando o Código de Ética, e oferecendo espontaneamente todas as informações a respeito do imóvel que estiver negociando. Enquadrando-se nesse perfil, o profissional estará muito próximo de ser qualificado não apenas como corretor, mas como um verdadeiro consultor do segmento.

Especialização

Antes da regulamentação, o exercício da profissão não exigia nenhuma formação acadêmica. Com isso, qualquer pessoa podia ser corretor de imóveis. Após a exigência do curso de Técnico em Transações Imobiliárias para o exercício profissional, o Corretor teve que se reciclar, se especializar e ampliar seus conhecimentos a respeito de sua atividade. Por essa razão, atualmente, ele pode ser considerado muito mais do que somente um vendedor, dando assistência em qualquer âmbito do negócio.

Ao longo desses anos de regulamentação da categoria, são incontestáveis a valorização e o crescimento dessa profissão. Percebo que a sociedade está mais atenta aos riscos que corre ao negociar com pseudocorretores, pois pode estar se valendo do auxílio de um estelionatário, que pode estar forjando documentos para realizar a transação. Além disso, as pessoas que não são inscritas no CRECISP não têm todos os subsídios para fornecer aos clientes os dados essenciais do negócio, e estão infringindo a lei, por exercício ilegal da profissão.

Temos nos empenhado a cada ano para coibir a ação de pseudocorretores que abusam da boa-fé dos consumidores. E o nosso Departamento de Fiscalização atua com rigor, verificando a documentação dos profissionais e das empresas, checando os plantões de vendas e o registro das incorporações, sempre com o intuito de proporcionar segurança à sociedade nas transações imobiliárias. Este é, sem dúvida, o nosso principal objetivo, pois quando o consumidor realiza seus negócios por meio de um profissional Corretor de Imóveis, os riscos são minimizados e as chances de satisfação evidentes.

Pioneiros no desenvolvimento urbano

Corretores de imóveis, por natureza, conseguem enxergar à frente de seu tempo. Alguns atuam como verdadeiros desbravadores, descobrindo novas áreas e as oferecendo a seus clientes, também dispostos a participar do crescimento de novas cidades. São muitas as histórias desses profissionais da corretagem que se empenharam no desenvolvimento de inúmeras regiões do País, estimulando a vinda dos primeiros investidores e o início da urbanização.

E atualmente, em especial aqueles que desenvolvem sua atividade junto aos plantões de imóveis de lançamentos, preservam esse mesmo espírito, e se engajam na comercialização de empreendimentos em bairros ainda pouco habitados, realizando o sonho de muitas famílias, gerando emprego e renda e movimentando o mercado das novas incorporações.

Centenas de municípios, tanto no Estado de São Paulo como em todo o Brasil, cresceram ao longo dos anos, por intermédio do trabalho dos corretores e do interesse dos investidores. Esse fato se comprova quando se identifica que, em determinadas regiões de um município, por exemplo, há proprietários que são todos de uma única cidade. Isso porque os corretores de imóveis também, no passado, quando dispunham de prédios em lançamento, viajavam para outros municípios, se hospedavam em hotéis, e lá, por meio de *folders*, fotografias, e propagandas, negociavam naquelas regiões.

Além disso, há também vários loteamentos em que se encontram agrupamentos de pessoas de determinadas localidades, graças ao trabalho de divulgação e intermediação dos corretores. Na verdade, esses profissionais do mercado imobiliário dos primeiros tempos não tinham outra alternativa a não ser enfrentar esses desafios e conquistar seus objetivos. E se naquela época a meta principal era a ocupação de novas regiões, trazendo novas possibilidades às comunidades nascentes, hoje os obstáculos continuam a ser vencidos.

A alta nos estoques, a crise econômica que esvaziou os plantões, a disputa por clientes, a injustiça da roleta... Enfim, mudou o cenário, mas as dificuldades ainda permanecem desafiando o dia a dia desses profissionais. Com fibra, liderança e muito trabalho, eles, certamente, seguirão como novos bandeirantes do progresso, levando crescimento e desenvolvimento a bairros distantes, a cidades desconhecidas. Sempre com o pioneirismo constante que marca a história dessa categoria.

E o futuro?

Em 2013, dois pesquisadores da Universidade de Oxford produziram um estudo com o intuito de examinar a susceptibilidade das profissões à informatização. Eles analisaram em detalhes 702 ocupações para descobrir de que forma a tecnologia poderia impactar na extinção dessas atividades no futuro. Os resultados, amplamente divulgados na época, voltaram a ser comentados após uma publicação de uma consultoria, que repercutiu em vários *sites* e veículos de comunicação.

Corretor coach

Os profissionais, ao tomarem ciência desse estudo, demonstraram um misto de indignação e surpresa – compartilhando com o CRECISP esse sentimento – ao constatarem que a profissão de corretor de imóveis estava entre as fadadas ao desaparecimento até 2025.

Ao lado de outras ocupações - como a de contador, digitador, caixa e árbitro – a corretagem tende, segundo o estudo, a não existir mais por conta, especialmente, dos avanços da tecnologia.

Se fizermos um retrospecto sobre o surgimento das inovações tecnológicas ao longo do tempo, certamente vamos nos deparar com situações muito parecidas, onde um tipo de tecnologia ou de atividade profissional se viu ameaçada pela chegada de outro. Sempre vai haver alguém para analisar esses impactos e as previsões podem até se confirmar, dependendo das condições em que determinada atividade se encontre.

No caso da categoria de corretores de imóveis, cabe uma reflexão a respeito da informatização de processos e de como essa questão pode ser prejudicial ou benéfica à atividade. Acredito que a primeira pergunta que surge nessa polêmica é saber se as pessoas estão dispostas a destinar as economias de uma vida à aquisição de imóvel cuja indicação e "assessoria" foram obtidas por meio de um aplicativo.

Em sã consciência, é possível que um cliente esteja efetivamente disposto a excluir o contato pessoal com o corretor, confiando totalmente na tecnologia para negociar preço, checar documentação, buscar melhores condições de financiamento, enfim, desempenhar todo o trabalho que somente um profissional experiente e gabaritado está apto a fazer?

Indo mais adiante em nossa análise, todos sabemos que carreiras que têm como premissa básica a interpretação humana e que são altamente influenciadas pela emoção, dificilmente serão substituídas por máquinas e, de uma hora para outra, deixarão de existir.

A meu ver, a busca pela concretização do sonho da casa própria pode, sem dúvida, agregar algumas facilidades, como a procura por meio dos anúncios de *internet* e a visita *online*, que otimizam o tempo, especialmente dos que vivem em grandes cidades e perdem horas em congestionamentos. Mas quem ficará responsável por "executar a mediação com a diligência e prudência que o negócio requer (...), prestando todas as informações sobre o andamento dos negócios"? O cliente se sentirá amparado e seguro ao receber esses esclarecimentos via aplicativo?

Inovação é muito bem-vinda quando é utilizada de maneira equilibrada. Não podemos nos conformar e aceitar que máquinas possam substituir os homens, até mesmo em campos mais amplos, como o da criatividade. Quando assumirmos que a tecnologia poderá acabar com os empregos, então teremos chegado ao ponto em que será imprescindível repensarmos nossos valores.

Há muitos anos, pelos idos de 1986, cheguei a presenciar um futurólogo americano que esteve no Brasil e disse, também, que a profissão de corretor de imóveis estaria extinta antes do ano 2000. E cá estamos nós, quase 20 anos depois, buscando novos horizontes de trabalho e ganhando na justiça o reconhecimento e o direito de recebermos nossos honorários pela assessoria devidamente prestada!

O corretor de imóveis jamais vai ser substituído por um aplicativo. Basta pensar na intermediação de imóveis para uso comercial, industrial, uso corporativo, de chácaras, de fazendas, imóveis especiais... Só corretores com muita habilidade vão conseguir fazer. Somente esse profissional pode proporcionar segurança entre as partes que estão contratando.

Vivemos em um País de livre iniciativa, capitalista, e temos, sim, que nos adaptar aos novos cenários, incorporando a tecnologia em nosso dia a dia, sem permitir que ela nos substitua.

Corretor de imóveis é uma profissão do presente e com muito futuro!

Capítulo 2

Corretor de imóveis, um grande desafio! Será?

Jaques Grinberg

Qual a profissão que é fácil para quem deseja ser referência? O desafio não é ser corretor de imóveis, mas fazer parte do grupo seleto dos melhores corretores de imóveis do Brasil. Se o corretor é um intermediário de negócios, podemos considerá-lo um empreendedor. Faz a gestão da sua carreira e dos seus negócios dentro da política do CRECI, ética e regras da imobiliária onde trabalha.

Jaques Grinberg

Consultor de empresas e palestrante especializado em *coaching* de vendas. MBA em *marketing* – na Fundace – USP; Gestão de Pessoas – IBMEC; Teatro Executivo – FAAP. *Coaching* – Sociedade Brasileira de Coaching (SBC); formação profissional em Hipnose Clínica – IBFH. Certificado internacional em PNL, Técnicas de Negociação – Dale Carnegie, entre outros diversos cursos. Conhece, na prática, as dificuldades de vender; é empresário e sócio em quatro empresas. Conhecido nacionalmente por diversos artigos e matérias nos principais jornais do País, rádios e TV. Foi capa da revista Exame PME edição 40, participou como convidado do programa PEGN da Globo, e é caso de sucesso no site Sociedade de Negócios do banco Bradesco. Autor do best-seller *84 Perguntas que vendem*, publicado pela Editora Literare Books, com milhares de exemplares vendidos, e coautor em mais de dez livros de vendas, liderança, carreira e empreendedorismo.

Contatos
www.queroresultados.com.br
www.imersaoemvendas.com.br
www.jaquesgrinberg.com.br
(11) 96217-1818

O conceito de empreendedorismo é o processo e a capacidade para inovar e lançar novos negócios ou mudar os já existentes. Assim, uma das diferenças entre empreender no segmento imobiliário ou apenas ser um corretor de imóveis é a capacidade de inovação. Oferecer produtos ou serviços similares com um novo formato, do jeito que os clientes querem e precisam.

Com o crescimento do desemprego, os profissionais buscam alternativas e o a profissão de corretor é uma delas. Alguns são corretores por necessidade e outros por gostarem de ser, essa é uma das diferenças do sucesso de cada profissional nesse segmento maravilhoso. Lembre-se, no mundo dos negócios não existe milagre: há qualificação, planejamento, foco, persistência e muito trabalho.

Sete desafios que prejudicam o crescimento profissional dos corretores brasileiros:
1º – Falta de planejamento.
2º – *Sites* e aplicativos que oferecem imóveis.
3º – Desmotivação.
4º – Desconhecimento da área de *marketing*.
5º – Falta de inovação em vendas.
6º – Concorrência (outros corretores despreparados).
7º – Instabilidade econômica.

O melhor caminho para encontrar as soluções para cada profissional tornar-se o melhor é entender os seus desafios e crenças. Para você entender, responda as perguntas a seguir sem pensar, de forma honesta e só para si. Depois de responder, pense e repense sobre cada resposta.

Qual o seu maior desafio como corretor de imóveis?
_____
_____

Corretor coach

O que você e só você pode fazer de diferente para potencializar os resultados?

_____

_____

Quais ações você pode começar a fazer para prospectar novos clientes potenciais?

_____

_____

Os clientes querem um atendimento *gourmet*, o que você pode fazer de diferente para surpreender os seus clientes com um atendimento requintado?

_____

_____

Sabemos que a qualificação é um dos diferenciais dos profissionais de sucesso. Quantas palestras disponíveis gratuitamente na TV CRECISP você assistiu nos últimos seis meses? E o que o impede de assistir no mínimo uma por semana?

_____

_____

O que é sucesso para você? Quais são os passos necessários, na sua opinião, para alcançar o seu sucesso?

_____

_____

Na sua opinião, quais são as três principais características de um corretor de imóveis de sucesso que você ainda não tem? O que o impede de ter essas características e o que precisa fazer para tê-las?

_____

_____

Faça uma avaliação dos últimos dez clientes que atendeu e não conseguiu fechar negócio, qual o principal motivo por não tê-lo realizado?

_____

_____

Aproveitando a tecnologia a favor do profissional, quero compartilhar com você algumas dicas sobre o uso do aplicativo WhatsApp para potencializar os seus resultados.

Segundo uma pesquisa realizada pela Panorama Mobile Time/Opinion Box, 74% dos usuários ativos do WhatsApp no Brasil têm interesse em se comunicar com marcas ou empresas pela plataforma de mensagens.

Os clientes estão cada vez mais exigentes e os corretores de imóveis precisam ficar atentos às mudanças. Os clientes...

- Pesquisam mais e buscam dois ou mais corretores;
- Sabem o que querem comprar ou alugar e querem visitar apenas os imóveis com os pré-requisitos que desejam;
- Buscam relacionamento por meio de um atendimento *gourmet*;
- Exigem um atendimento pós-venda;
- Possuem uma nova comunicação, como por exemplo o uso do aplicativo de mensagens WhatsApp;
- Querem agilidade nas respostas.

O corretor de imóveis é o intermediador entre o cliente e o proprietário, seja vendedor ou locador. Gerenciar a negociação para que seja vantajosa para todos, inclusive para ele – corretor – é um dos grandes desafios da atualidade. Com *sites* e aplicativos, em poucos cliques, os clientes conseguem filtrar os imóveis com os pré-requisitos desejados, muitos corretores, que continuam atendendo e negociando como antigamente, ficam ultrapassados e indesejados pelos clientes. Estamos na era do relacionamento, os clientes buscam atenção e atendimento diferenciado – querem sentir-se importantes. É muito comum, por exemplo, ouvir de clientes que estão procurando um imóvel que os corretores apresentam imóveis fora do padrão que desejam, algumas vezes por não terem em seu portfólio o que o cliente busca.

Corretor coach

Ser sincero e falar que não tem, mas que irá procurar, é oferecer um atendimento diferenciado ao invés de "perder" o tempo do cliente e o seu. Pense nisso!

Sobre o uso do aplicativo WhatsApp como comunicação com os clientes, a minha maior preocupação no uso dessa ferramenta é a falta de preparo dos profissionais. É uma ferramenta poderosa de apoio em vendas, suporte e fidelização de clientes, mas não pode ter o mesmo "fim" que teve o *telemarketing*. Os consumidores têm medo de deixar o número do telefone em uma loja, não querem receber ligações de profissionais "robotizados" ou despreparados.

As principais funções desse novo aplicativo são:

- Facilita a interação com os clientes, gerando confiança;
- É possível automatizar por meio de respostas automáticas e prontas, facilitando e oferecendo agilidade aos clientes. Por exemplo, para habilitá-las em dias que a loja estará fechada como feriados, domingos e fora do horário de funcionamento;
- Os clientes terão acesso às informações comerciais do seu negócio como, por exemplo, descrição da empresa, endereço da loja, *e-mail* e *site*;
- Você poderá desenvolver respostas rápidas ou até mensagens que vendem ou perguntas que vendem, para reutilizá-las para responder as perguntas mais frequentes;
- Para a gerência e vendedores, o novo aplicativo oferece também estatísticas do fluxo de mensagens com gráficos. Será possível ter acesso aos resultados de mensagens enviadas com sucesso, entregues e lidas.

Para quem já usa, ou deseja usar o WhatsApp ou WhatsApp Business em vendas, seguem seis regras poderosas para potencializar os seus resultados.

1º – Use o aplicativo para relacionar-se com os clientes.

A venda deve ser consequência. Uma loja de *shopping*, por exemplo, pode informar os clientes sobre eventos que acontecem na região, lançamento de filmes no cinema do *shopping*, melhores horários para encontrar vagas no estacionamento e a origem das datas comemorativas como a Páscoa, dia do consumidor, dia das mães e outras. Ao falar das datas comemorativas, os clientes lembram que precisam comprar presentes. No caso de uma escola, ofereça conteúdo relevante sobre os cursos que você oferece existentes no seu portifólio. Para o aluno que acabou de fazer a matrícula, tenha um cronograma de mensagens para enviar até o primeiro dia de aula, o aluno deve ter a sensação de que você está preocupado com ele e não apenas com novas matrículas.

2º – Só envie mensagens se o motivo for de interesse do destinatário.

Se a finalidade é relacionamento, a mensagem tem que, de alguma forma, parecer personalizada. Uma das dicas é criar a lista de transmissão separando os clientes pelo sexo, masculino e feminino, perfil de interesses ou por frequência de visita ao seu comércio. Quanto melhor o filtro, mais personalizadas as mensagens serão.

3º – Texto profissional.

Cuidado com o uso de gírias, "memes", assuntos polêmicos, imagens e outros. O texto deve ser profissional e isso não quer dizer formal. Antes de enviar, leia duas ou mais vezes e peça para um colega também ler e revisar, além de sugerir mudanças. Escreva do modo desejado pelo perfil dos seus clientes.

4º – Foco no objetivo.

O objetivo principal do relacionamento via aplicativo é manter o cliente informado sempre com foco em possibilidades para vir pessoalmente à sua loja, empresa ou consultório. Fidelizando os clientes por meio de uma interação fácil e ágil e que todos estão conectados.

5º – Faça como os vendedores *coach*

O vendedor *coach* não vende, ajuda os clientes a comprarem. Trazendo informações de interesse dos clientes, quando eles precisarem comprar algo, eles irão tomar a iniciativa. Por exemplo, um escritório de advocacia que mantém os clientes informados sobre mudanças nas leis, precauções para evitar problemas futuros entre outros, quando o cliente precisar de ajuda, irá procurar o escritório por meio do WhatsApp – pela facilidade e também pelo relacionamento. A venda é consequência.

6º – A comunicação é uma mão de duas vias – vai e volta.

Esteja preparado para responder as mensagens enviadas. Tenha um profissional preparado e pronto para atender os clientes via aplicativo. Quando recebemos uma mensagem interessante e do nosso interesse, respondemos agradecendo ou perguntando mais sobre o assunto. Alguns clientes irão compartilhar esse conteúdo, então, insira no meio da mensagem ou na assinatura o nome da sua empresa.

É preciso fazer diferente para fazer a diferença! Os clientes querem ser surpreendidos.

Corretor coach

E ainda, para aproveitar ao máximo os recursos e manter o profissionalismo, é possível usar o aplicativo no computador a partir do WhatsApp Web, um sistema de espelhamento do aplicativo do celular. A agilidade em escrever os textos e interagir pelo computador aumentam o profissionalismo e diminuem as chances de escrever com gírias, abreviações e *emoticons*.

Veja alguns exemplos de mensagens que geram engajamento:

"Agradeço a sua visita em nosso decorado! Aproveitando, o que o Sr. mais gostou no apartamento?"

"Hoje é sexta-feira e amanhã é dia de conhecer o melhor empreendimento de Perdizes. Curioso? Responda SIM para receber mais informações."

"Oportunidade! Encontrei um apartamento dentro das características que você procura. A sua preferência é conhecê-lo amanhã de tarde ou no sábado?".

E, para finalizar, escreva o nome de cinco clientes que você precisa retornar o contato e, ao lado, coloque o que você pode dizer de diferente para potencializar a negociação e ter mais chances de fechar o negócio:

Nome: _____
O que falar: _____
_____

Nome: _____
O que falar: _____
_____

Nome: _____
O que falar: _____
_____

Nome: _____
O que falar: _____
_____

Nome: _____
O que falar: _____
_____

Capítulo 3

Desenvolvendo relacionamentos altamente produtivos

Andersom Bontorim

Não basta fazer o trabalho corretamente. Não basta ter conhecimento técnico. Não baste seguir os regulamentos. É preciso saber responder às expectativas comportamentais dos clientes. É preciso fazer o relacionamento sobreviver. Para isso, este capítulo oferece dicas sobre como lidar com os comportamentos humanos influenciados pelas emoções e como agir para sobreviver profissionalmente.

Andersom Bontorim

Graduado em Processamento de Dados e em *Marketing* e Vendas. Mestre em Administração, pesquisador especialista em Ciência de Serviços e Comportamento do Mercado Imobiliário. Corretor de Imóveis, Avaliador Imobiliário, Jornalista, Mediador e Conciliador Judicial com atuação no CEJUSC no CRECISP. Professor universitário em cursos de Gestão de Negócios Imobiliários e Docência no Ensino Superior, recebedor do Prêmio Top Empreendedor em 2008, Sócio-fundador da PRACT Comportamento Pessoal e Profissional, estudioso do comportamento humano há 24 anos. Autor dos livros *Educação emocional aplicada - Método PRACT, O sucesso nas suas mãos, Como controlar e vencer o estresse, Sem estresse & com sucesso, Como realmente motivar qualquer pessoa, Relações humanas no mercado imobiliário*, atualmente exerce a função de Chefe do Setor de Educação Continuada no CRECISP.

Contatos
andersombontorim.com.br
falecom@andersombontorim.com.br
(11) 97283-3454

Várias são as competências necessárias para a intermediação das transações de bens no mercado imobiliário. Da captação até o fechamento do negócio, em todas as fases, são requeridos conhecimentos de documentação, de arquitetura, de aspectos jurídicos, de financiamento, entre tantos outros. Mas existe um elemento em comum em todas as fases dessa intermediação: pessoas.

Quem intermedeia um negócio imobiliário trata com pessoas.

O imóvel é o objeto negociado, é o material que se transaciona. Mas são as pessoas que o negociam. Portanto, saber lidar com elas é fundamental para o sucesso nesse mercado.

Contudo, muitos profissionais buscam mais realizações apenas ampliando seus conhecimentos técnicos, sem colocar atenção ao desenvolvimento das habilidades, nem criar relacionamentos altamente produtivos.

Mas o sucesso, além dos necessários conhecimentos técnicos, depende dessas competências comportamentais, que promovem maior potencial de alcance do objetivo.

O comportamento humano está diretamente ligado às emoções. Interesse, prazer, medo, ódio, indiferença, satisfação, indignação etc... O fato é que, queiramos ou não, as emoções sempre estão presentes. Então, todo e qualquer comportamento, por mais racional que possa (ou pareça) ser, traz consigo alguma emoção. Não há comportamento humano que não seja gerado, ou que não gere uma emoção.

    Emoção é um elemento modelador do comportamento.
    Comportamento é um elemento base dos relacionamentos.
    Relacionamento é um dos itens mais necessários ao SUCESSO!

Ao reconhecer as emoções dos outros, podemos ter melhores ações a fim de controlar as situações e obter transformações necessárias para aumentar o potencial de nossas realizações. É importante entender o processo de transformação.

No exercício das intermediações de transações imobiliárias, são inúmeros os momentos em que transformações são necessárias.

Corretor coach

Captar o imóvel é transformar o seu proprietário em um cliente. Obter uma proposta é transformar um interessado em pretenso comprador ou locatário. Fechar um negócio é transformar interessados em partes de um contrato. Portanto, há de se controlar o processo de transformação.

Algumas transformações podem aparentar acontecer de forma involuntária ou sem o controle de alguém. Por exemplo, quando, do nada, uma pessoa entra na imobiliária e apresenta um imóvel para venda. Era uma pessoa que se transformou em cliente captado, sem que houvesse um esforço para isso. Contudo, na verdade, isso somente aconteceu devido a uma boa divulgação da imobiliária. Mesmo nesse exemplo, algo promoveu essa transformação. O corretor de imóveis que atendeu essa pessoa pode não ter sido o agente principal dessa transformação, mas acabou se envolvendo no processo e também passou a ter uma parcela de responsabilidade nessa transformação.

De toda forma, controlar as transformações pode dar mais poder de realização. Para que a transformação não seja fruto do acaso, mas seja autodeterminada (sob controle) é necessário realizar três passos: (1) Querer, (2) Saber como e (3) Fazer.

1) QUERER: obviamente é necessário que se queira essa transformação! Isso exige uma emoção que dirija sua atenção ao objetivo. Seja por amor à atividade, seja pelo desejo do objetivo ou ainda pela intenção do sucesso, é preciso que seus sentimentos em relação a isso sejam realmente fortes e positivos. Para que um cliente confie no seu trabalho, não basta mostrar conhecimento e capacidade, é preciso demonstrar que você realmente deseja realizar o trabalho. Se quiser ser uma pessoa altamente produtiva, só há duas opções: ou você gosta do que faz, ou faz aquilo que gosta! Nenhum atendimento ao cliente pode ser produtivo sem que se goste do que se faz e sem ter claramente definido o que se deseja desse atendimento.

2) SABER COMO: para que se possa fazer algo bem feito é necessário saber como fazer isso. Se alguém já realizou o que você quer realizar, então existe algum caminho já traçado. Esse caminho pode até não ser o melhor, mas é certamente mais seguro do que nenhum, pois já deu provas de sucesso. Aprender com a vida é útil, mas pode ser doloroso e cansativo. É mais fácil e mais rápido aprender com quem já fez o que você quer fazer. Portanto, fale com quem sabe mais do que você, leia livros, participe de cursos e palestras,

estude e pesquise. Se algo der errado, não culpe o outro, mesmo que a culpa seja dele, mas aprenda com o erro. O erro nos faz saber o que não é para fazer, mas não apresenta o que é para ser feito. Então, descubra o que você poderia ter feito diferente para que o erro não ocorresse. Identifique aonde você quer chegar, descubra o que deve ser feito para chegar lá e aprenda como se faz isso.

3) FAZER: o conhecimento só é válido quando aplicado. Nada vai acontecer só pelo fato de se saber como se faz. É preciso fazer. Não basta apenas acreditar, é preciso fazer. Mas o fazer somente dará o resultado desejado se realmente se souber como se faz isso. Por essa razão que fazer vem depois de saber como. Fazer exige disciplina. É melhor você se disciplinar do que deixar a vida disciplina-lo, pois ela não é muito complacente com nossos erros e fracassos. Então decida o que você quer, saiba como se faz isso e faça!

Se você quer aumentar o seu potencial de realizações, saiba como desenvolver relacionamentos altamente produtivos, antes de se colocar a fazer qualquer coisa a esse respeito. Relacionar-se melhor não é só se dar bem com os outros, mas criar relacionamentos que promovam tanto o seu sucesso quanto respondam às expectativas dos outros.

Saber responder às expectativas dos outros é algo extremamente importante, pois permite manter a sobrevivência dos relacionamentos.

Sobreviver é estar e continuar vivo, continuar existindo e perdurar. Aquilo que sobrevive, somente o faz porque consegue prover as necessidades da sua existência, ou seja, que se sustenta. Portanto, na esfera das relações humanas, quanto mais alguém se mantém respondendo às expectativas daqueles com quem se relaciona, mais terá ampliado a sobrevivência desse relacionamento ao longo do tempo.

Se uma pessoa deseja um tipo de atendimento de um profissional (sua expectativa), quanto mais ele oferecer a essa pessoa esse tipo de atendimento, mais a relação estabelecida entre eles se manterá viva. Do contrário, essa realização estaria morta, ou seja, se a pessoa não obtiver aquele tipo de atendimento desejado, muito provavelmente irá procurar outro profissional que possa fazer isso.

Portanto, uma relação morre quando não realiza, quando não produz, os efeitos esperados, ou seja, quando não é útil.

Realizar é tornar algo real. Mas isso deve ser útil a alguém, porque, se não for útil, então não terá valor. Se ninguém desejar o que alguém está produzindo, então o nível disso continuar existindo é limitado.

Mas você não tem a obrigação de tratar seu cliente exatamente do modo que ele deseja ser tratado. Você só fará isso se quiser conservá-lo como cliente...

Entenda que pessoas mudam e seus desejos também. Consequentemente, se quiser manter o relacionamento sobrevivendo, é preciso ter atenção a essas mudanças, para mudar junto com elas, de modo que seu trabalho continue sendo útil a alguém.

Algo só tem VALOR se for ÚTIL a alguém!

Mas não basta que você saiba que o que você vai fazer é útil. É preciso que seja útil aos olhos de quem recebe isso. O seu cliente tem que perceber que isso lhe seja útil e tem que querer isso.

Se você quiser sobreviver na sua vida profissional, verifique se suas ações realmente realizam algo útil a alguém.

Nesse quesito de responder às expectativas, o corretor deve fazer perguntas que façam o seu cliente transmitir informações sobre o que ele deseja. Pode parecer óbvio, mas não é. Muitos corretores focam apenas em perguntas sobre características do imóvel e da região, mas não verificam as expectativas quanto ao atendimento. Por exemplo, um corretor poderia perguntar: "O senhor prefere que eu lhe passe essas informações por *e-mail*, telefone ou mensagem instantânea?" – outro exemplo: "Eu vou buscar esse imóvel, e qual é o melhor horário para eu contatar a senhora?" – são inúmeros exemplos de perguntas sobre como o atendimento deve ser feito.

Além disso, é igualmente importante obter informações do cliente quanto a seus hábitos pessoais, como *hobbies*, o que faz nos finais de semana, que tipo de transporte usa, se tem animais domésticos, se costuma fazer festas com amigos em casa, entre outras, para que, com isso, o corretor tenha mais elementos para apresentar o imóvel ideal para esse cliente.

Esse mesmo contexto se aplica às nossas reações frente aos comportamentos dos outros. Por exemplo: se uma pessoa está nitidamente raivosa e se comporta como tal. A emoção que ela está vivenciando é raiva, uma emoção que motiva a termos um comportamento de ataque. Portanto, o desejo dessa pessoa, mesmo que seja inconsciente, é de atacar. Mas querendo que ela fique mais tranquila, lhe dizemos: "Calma!" – Sabemos o que normalmente acontece nesse caso. É mais comum que a pessoa fique mais raivosa ainda, até mesmo, gritando algo como "Mas eu estou calmo!!!".

Perceba que a reação comportamental usada frente à pessoa raivosa teve dois fracassos: primeiro que não respondeu às expectativas da pessoa de haver um ataque e, segundo, que não gerou o efeito desejado de ela se acalmar. Mas, nesse caso, o que fazer? A resposta é relativamente simples. Devemos responder às expectativas dessa situação. Se o comportamento do cliente transmite uma intenção de ataque, aborde assuntos que possam ser atacados. Diga algo como "Então, me explique o motivo do seu incômodo para fazer algo a respeito" ou, por exemplo, "Diga-me o que está acontecendo de errado e vamos ver o que podemos fazer". O problema é algo útil de ser atacado, tanto para o cliente, que terá seu momento de ataque, quanto para quem o atende, que terá informações para tomar providências.

Se, diferentemente disso, o cliente apresentar um comportamento de temor, estiver receoso, temeroso ou inseguro, a reação comportamental de quem o atende deve ser diferente. Todas essas emoções derivadas de algum tipo de medo motivam um comportamento que visa evitar a situação. Com isso, é comum o cliente fugir. É comum que frente a clientes assim que alguns digam algo como "não precisa ter medo" ou "pode confiar em mim" ou ainda "bobeira... todo mundo sabe que isso é bom". Nunca fale essas coisas ou algo do tipo nessa situação. Veja que essas frases, além de invalidarem o que o cliente está sentido, não respondem às suas expectativas emocionais. Quando uma pessoa está vivenciando a emoção de medo, o que mais deseja é que alguém a entenda de verdade. Depois disso, deseja uma salvação, um amparo, algo ou alguém que elimine a causa do seu medo. Então, nesse caso, use uma voz calma e tranquila e diga as seguintes três frases em sequência: (1) "Eu realmente posso te entender". (2) "Vamos ver como podemos resolver essa questão". (3) "Tudo bem?" – Essa terceira frase é uma pergunta direta para obter alguma concordância. Quanto mais momentos de concordância, maior será o nível de confiança nesse relacionamento.

Perceba que nessas duas situações emocionais, raiva e medo, as pessoas que as vivenciam têm uma influência emocional que gera um comportamento voltado a eliminar ou evitar um problema. O foco, em ambos os casos, está no problema. Existem várias outras emoções que provocam esse tipo de comportamento. De um modo geral, nesse comportamento com foco no problema, as pessoas acabam sendo movidas pela dor e pelo sofrimento. Normalmente querem saber o que de ruim pode acontecer para tomar decisões. Fazem o que fazem para se livrar daquilo que não gostam. Com pessoas que estejam se comportando assim, prefira falar de como elas podem se livrar desses problemas fazendo o que você está sugerindo. Fale de perdas e prejuízos que possam ser evitados se seguirem o que você diz. A ideia é colocar foco em eliminar o que for desagradável.

Por outro lado, existem situações em que as pessoas estão com foco nas soluções e benefícios. Isso ocorre quando estão vivenciando emoções com base em entusiasmo, alegra e satisfação. No caso, preferem saber o que de bom pode acontecer para a tomada de decisão. Fazem o que fazem para conseguir algo mais ou melhor. Com pessoas com esse comportamento, nunca fale de problemas. Fale em termos de soluções. A atenção delas está focada nos benefícios. Fale de benefícios e de pontos positivos. Dê ênfase ao que pode acontecer de bom.

Isso não se trata de personalidade, mas de comportamento situacional. Todos têm momentos em que estão mais focados nos problemas e aqueles em que estão mais voltados aos prazeres. Preste atenção a isso e se comporte de forma adequada conforme a situação. Assim, você aumenta o seu poder de responder às expectativas dos seus clientes.

No entanto, somente acreditar não basta. Você precisa fazer acontecer! Então, aplique essas dicas e amplie sua habilidade de desenvolver relacionamentos altamente produtivos!

Referências

BONTORIM, A. *Educação Emocional Aplicada - Método PRACT*. 1. Ed. São Paulo: Editora Faz Sentido, 2013. 272p.

BONTORIM, A. *Comportamentos Humanos Num Processo De Consultoria*. In: ISHIGAKI, A. H.; BONTORIM, A.; ROSA, G. S.; RIBEIRO, N. T.; MURO, P.; RIBEIRO, P. T ; VASCONCELOS, R. F.; SILVA JR., W. J. Consultoria: histórias de sucesso. 1. ed. São Paulo: Nelpa, 2014. v. 1000. 143p.

SECOVI-SP – Sindicato das Empresas de Compra, Venda, Locação e Administração de Imóveis Comerciais e Residenciais de São Paulo. *Boas Práticas na Intermediação de Compra e Venda de Imóveis*. São Paulo: Secovi-SP, 2013. 76p.

Capítulo 4

O poder e a influência da comunicação. Qual a sua verdadeira importância?

Chrystiane Saggese

Este capítulo tratará da verdadeira importância da comunicação, quais os caminhos e formas corretos que devem ser tomados para que aconteça com eficiência, seja no âmbito pessoal ou profissional – destacando o segmento imobiliário. Como o verdadeiro líder comunicacional pode conquistar o cliente, além de inspirar todo o trabalho da equipe.

Chrystiane Saggese

Jornalista, graduada pela Pontifícia Universidade Católica de Campinas. MBC em Comunicação Empresarial e Institucional pela UNIP. Atua como assessora de imprensa há 23 anos, nas áreas de comércio exterior, saúde, gastronomia, agronegócios, além do mercado imobiliário.

Contato
jornalista@chrystiane.com.br

Qual o poder da comunicação? Mas, na realidade, o que é a comunicação? Existem vários caminhos e formas para que ela aconteça, não é preciso, necessariamente, de palavras ou sons. Um simples gesto ou uma imagem vale mais do que inúmeras palavras.

A comunicação tem origem no latim, que significa partilhar, então o ato de comunicar nada mais é do que distribuir, ou simplesmente, compartilhar experiências, visões, culturas, vivências com outras pessoas.

Sim, na verdade, a comunicação possui uma grande força, pois tem o poder, a capacidade de auxiliar as pessoas ou até mesmo destruí-las, isso depende de quais são suas verdadeiras intenções e objetivos. Portanto, tudo que proferimos serve para construir algo positivo, mas também pode servir para desconstruir.

Na realidade é um fator decisivo, pois as relações pessoais, de maneira geral, destacando principalmente o mercado imobiliário, exigem que todos os profissionais sejam altamente qualificados; bem preparados e saibam se expressar com exatidão e clareza.

Aliado a isso, é indispensável um bom planejamento para o desenvolvimento. Sem organização, não é possível iniciar nenhum tipo de projeto. Por meio desse cronograma, os riscos se tornam menores e as chances de dar algo errado diminuem.

O medo de assumir responsabilidades também nos torna restritos, ou seja, além disso, sempre se mantenha atualizado, assim é possível contribuir de forma significativa ao aprimoramento de qualquer atividade, não importa definitivamente qual a área em que atua.

Integrantes da comunicação

O sucesso de uma negociação ou até mesmo um resultado positivo em qualquer que seja o seu contato pessoal, seja apenas para estabelecer um ciclo maior de amizade, ampliar os seus laços com seus familiares, ou seja, aumentar o seu *networking*, dependem da participação efetiva dos integrantes dessa comunicação.

Essas partes são formadas pelo emissor da mensagem, ou seja, quem emite a informação, o canal pelo qual são encaminhados os dados. Na verdade, o meio, a realidade é formada pelos gestos, olhares, postura e, principalmente, pelas palavras.

Mas essas informações dependem exclusivamente da forma como serão emitidas e existem três tipos:

– Visual = são formados signos, imagens, desenhos, gráficos, ou seja, tudo o que pode ser visto. O termo comunicação visual é bastante abrangente e não precisa ser limitado a uma única área de estudo.

– Auditivo = a forma sonora é a predominante, isso inclui volume, tonalidade, vocabulário, ruídos, discursos, conversas, discussões.

– Sinestésico = é a característica das pessoas que são muito mais comunicativas e alegres, possuem uma facilidade para entrar em contato com as outras, gesticulam com facilidade e utilizam o corpo para se expressar.

A comunicação se torna muito mais eficiente quando conseguimos identificar quais dessas caraterísticas predominam no indivíduo que vai receber a mensagem. Conhecer o receptor, a terceira parte integrante da comunicação, é um fator decisivo e que contribui de maneira significativa para que o objetivo seja cumprido.

Ruídos na comunicação

Os ruídos contribuem significativamente para que a comunicação seja negativa, e eles ocorrem de diversas maneiras, seja apenas por meio de barulhos excessivos, um gesto mal interpretado, uma dor de cabeça, o uso excessivo de termos técnicos são consideradas diversas formas que facilitam o bloqueio das informações.

Quanto menos colocamos frases acessórias ou utilizamos de artifícios para engrandecer a nossa informação, acabamos tornando o processo chato e sem muita importância, podendo entrar em uma onda decadente.

No momento em que transmitimos uma mensagem, temos a expectativa que ela seja compreendida do mesmo modo, exatamente igual quando emitimos. Tudo aquilo que é falado ou escrito, até mesmo gesticulado, fica gravado na mente das pessoas, em seu consciente e subconsciente, como se fosse um arquivo secreto, escondido e dificilmente será esquecido.

Para que a comunicação seja eficiente, tem que transmitir exatamente aquilo que se deseja, o ponto de vista e as suas ideias, sem que haja interferências, este pode ser considerado o maior desafio e, muitas vezes, é difícil fazer com que isso aconteça, mas possível.

As interferências citadas anteriormente são constituídas de vários fatores externos: uma doença, uma palavra mal empregada, o que é comum, mas pode ser também o resultado de uma relação hierárquica entre um chefe e um colaborador.

Para que a comunicação concreta e os objetivos empresariais sejam cumpridos, não pode haver conflitos pessoais e profissionais, porque isso gera a falta de cooperação e respeito. Mas uma liderança adequada não é impor suas vontades ou suas próprias experiências. Um líder comunicador é aquele que permite que as pessoas lideradas possam ressaltar suas principais habilidades.

Liderança e comunicação

A imposição de uma relação hierárquica pode gerar estresse ao invés de ampliar a confiabilidade entre as duas pessoas, esse tipo de comportamento está inversamente proporcional à atitude de um verdadeiro líder.

Uma boa liderança está ligada à gestão do comportamento humano, guiar os liderados de maneira correta para que possam alcançar os maiores benefícios possíveis. Mas a comunicação deve ser assertiva, então é fundamental ouvi-los e integrar todos os conhecimentos em prol da conciliação dos objetivos das empresas e dos seus profissionais.

A maioria dos problemas administrativos resulta na ineficácia da comunicação e muitos se devem aos líderes que possuem uma comunicação ineficaz, pois no processo da comunicação sabemos que o resultado obtido é de responsabilidade exclusiva daquele que emite uma mensagem.

O líder comunicacional é aquele que inspira todo o trabalho da equipe, consegue extrair o melhor de cada pessoa, ressaltando suas qualidades, incentivando a responsabilidade coletiva pelos resultados.

Cada pessoa que constitui a equipe possui habilidades específicas e que, muitas vezes, ficam guardadas e não são expostas. O verdadeiro líder sabe ressaltar essas características, estimulá-las para que todos que compõem a equipe possam se beneficiar e apropriar as atividades.

Portanto, o líder consegue enxergar essas características e estimular tal desenvolvimento. Cada ser é individual, mas quando trabalhado em conjunto pode gerar resultados para todos que formam a equipe.

As empresas são formadas por pessoas, cada um possui a sua cultura, a sua própria personalidade, sendo que cada um é responsável por uma parte da atividade exercida pela instituição. O objetivo é trabalhar em prol de todos os que usufruem do trabalho e os que geram os serviços.

O importante é estimular a troca constante de informações entre liderança e liderados, promovendo assim um ambiente em que todos possam se sentir participativos. A liderança deve ter um papel exemplar e expressar sua confiança pessoal por meio de atitudes firmes e decisivas, mas que não sejam agressivas.

O líder comunicacional é prático e realista, mas também consegue ser emotivo e resiliente. Muitas vezes, é necessário se colocar no lugar do próximo. Essas atitudes cativam seus liderados pela força motivadora de sua comunicação.

Com certeza, se sua meta da liderança é se aproximar das pessoas, conquistar a confiança delas, trazer, como dizem, elas para o seu lado. Qual a melhor atitude que deve ser tomada? Primeiramente, você tem que acreditar naquilo que está expressando! Sinceridade é bom caminho para atrair as pessoas.

Não significa que sinceridade está atrelada à agressividade, soltar aos quatro ventos o que considera a mais absoluta verdade sem medir as consequências, esbravejando uma quantidade incontável de informações, mas sim aquelas que considera ter uma verdadeira relevância e que causam algum efeito alheio.

É importante levar em consideração pensamentos, vivências que fazem parte de uma história, experiências de vida dos indivíduos que estão a nossa volta, e muitas vezes possuem uma história de vida totalmente diferente da nossa.

Comunicação on line: fake ou fato?

Atualmente, entramos em contato diariamente com centenas de fatos, que ocorrem em todos os lugares do mundo. A cada instante, algo novo acontece ou até mesmo é atualizado e, muitas vezes, é difícil de acompanhar essa mutação.

Conquistar a confiança alheia, seja de um cliente, amigo ou familiar, é um processo complicado e até mesmo demorado, como se fosse um prêmio muito esperado, pois exige boas palavras, ações, e principalmente cumprir com o que foi prometido, além de ter segurança em suas ideias e opiniões.

Esse tipo de postura, principalmente investir em informação, fazer cursos, ler, pesquisar quebrará totalmente a chance de uma não aproximação ou contato que possa trazer algum tipo de benefício para ambas as partes, seja para uma negociação eficiente, um contato íntimo com um amigo. Para que isso aconteça, dentro do possível, confira antes de passar qualquer tipo de informação, isso sempre gerará confiança, seja para um amigo, familiar ou até o próprio cliente.

É muito claro aos receptores de qualquer tipo de mensagem identificar quando o emissor possui ou não domínio daquilo que está falando. Então, é bom deixar claro que o importante, antes de mais nada, é sempre se atualizar, isso gera credibilidade e confiança.

Existem algumas ferramentas consideradas de fácil acesso que nos auxiliam nesse processo: leitura de livros, jornais ou outros impressos, TV – canais abertos ou fechados e obviamente podemos contar com a *internet*.

Na realidade, esse meio de comunicação *online* pode ser definido como uma rede de computadores interligados, cuja principal função é estabelecer um meio instantâneo de comunicação, utilizando um protocolo comum.

Percebemos que, a cada segundo, recebemos, diariamente, uma gama imensa de notícias. Esse excesso de acontecimentos, aos quais podemos ter acesso, de forma rápida e simples, sem dúvida contribui para a nossa formação intelectual e também a nossa base de opinião.

A grande questão é: como identificar se essas informações condizem com a realidade ou não? Temos realmente necessidade de saber o que acontece a cada segundo? Tudo o que é disponibilizado para nós, esses recursos de serviços utilizados de forma direta para o nosso benefício, é realmente verdadeiro ou uma notícia falsa (*fake news*)?

As informações falsas sempre existiram, não são uma questão inédita, causando prejuízos até mesmo irreparáveis. Citando o caso da Escola Base, os proprietários do local, o motorista do transporte escolar e um casal de pais de um aluno, foram acusados por duas mães de abuso sexual.

Nenhuma prova específica sobre abuso sexual foi encontrada e a credibilidade da escola passou a decair. Muitas informações foram sensacionalistas, não havia credibilidade jornalística, nem comprovação dos fatos. Após terem sido inocentados, os acusados tiveram suas reputações destruídas.

Vivemos em uma avalanche de acontecimentos que nem sempre reflete a realidade, falsas notícias, mensagens distorcidas com o objetivo apenas de ter o número de acesso elevado, *likes* incontáveis. Apesar de oferecerem mais atrativos do que as notícias verdadeiras, as *fake news* não acrescentam nada e desinformam a população.

Mas como podemos detectar se o que recebemos contribuirá de forma negativa ou positiva ao nosso arquivo de conhecimentos?

Corretor coach

Na verdade, o hábito de disseminar notícias falsas não é recente, mas graças à *internet* tem tomado dimensões avassaladoras. "Uma mentira repetida mil vezes pode se tornar uma verdade".

Como identificar uma *fake news*? Antes de tudo, o importante é prestar muita atenção ao que está lendo. Faça isso com calma, para identificar erros de português, expressões equivocadas, excessos de adjetivos ou até mesmo frases e depoimentos que possuem um perfil sensacionalista.

Vale a pena consultar se os especialistas que contribuem como fonte ou que escreveram aquelas notícias realmente existem! Além disso, geralmente quando as informações são de relevância costumam aparecer em diversos meios de comunicação, seja por meio de *sites*, revistas, jornais e *blogs*. Então, o importante é fazer uma pesquisa, portanto, seja, antes de tudo, exigente e curioso.

O principal é informar-se de forma precisa, tendo senso crítico, buscar uma base sólida para que possa analisar e discernir o que é fato e o que é mentira.

Outra questão, quem navega por esses mares da *internet*, muitas vezes, quando encontra uma informação inverídica, não sabe qual o caminho correto para realizar uma denúncia. Ou, então, se busca fama e audiência não está preocupado com a veracidade e qualidade daquilo que é informado.

Mas não é só a *internet* que pode ser usada como ferramenta para adquirir informações. Hoje, é mais fácil o acesso. Dedicar-se à aquisição de conhecimento requer muita dedicação e investimento, para que algum benefício possa ser absorvido.

A questão atual é que todos possuem acesso a vários tipos de mensagens. A cada segundo, em algum meio de comunicação, surge uma ideia nova, um novo fato, antigamente era um privilégio deter qualquer tipo de conhecimento.

Essas informações mudam com muita velocidade, a todo momento algo novo acontece, em qualquer parte do planeta ou até mesmo fora dele, ocasionando um excesso tão grande de dados, mas que, muitas vezes, não conseguimos reter na mesma quantidade em que aparece. Portanto, seja criterioso, tenha foco naquilo que deseja. Um atendimento de excelência ou contato pessoal valioso depende, exclusivamente, do seu critério de busca e de avaliação.

Capítulo 5

Marketing digital para corretores de imóveis

Cindy Krug Nawa

Vivemos em um mundo de transformação constante, principalmente na área digital. Estamos sempre evoluindo de forma acelerada, com acesso a informações e processos cada vez mais rápidos e sofisticados. Com todo esse avanço, o mercado econômico acabou sendo impactado por essas muitas facilidades.

Cindy Krug Nawa

Sócia-fundadora da Agência e-nova, uma agência de *marketing* digital que há dez anos auxilia empresas em suas ações digitais com objetivo de aumentar a visibilidade e gerar novas oportunidades de negócios. Administradora de Empresas, com MBA pela FGV e diversas especializações em *marketing* digital, com mais de 19 anos de experiência e simplesmente apaixonada por *Marketing* Digital.

Contatos
agenciaenova.com.br
(11) 4146-2900

Você sabia que a *internet* é acessível a 70% da população brasileira e, desse percentual, 61% utilizam-na por meio de um *smartphone*? Tendo ciência dessas informações, nos resta saber por quais canais de comunicação o público brasileiro mais se interessa, pois serão onde vamos colocar em prática as estratégias para que você tenha o melhor resultado possível.

Dentre tantas plataformas e canais digitais, os brasileiros têm suas preferências de uso, e de acordo relatório Digital in 2019, da We Are Social e da Hootsuite - 2019, 95% dos internautas brasileiros relatam usar o YouTube, 90% usam Facebook, 89% WhatsApp e 71% Instagram. Existem diversos outros canais, porém esses são os principais para a nossa atuação.

Com essas informações em mãos, o ideal é que estejamos sempre à frente da concorrência, com planejamentos e estratégias para esses canais e criatividade para encantar o público-alvo.

Empresas e empreendedores que estruturarem suas estratégias de *marketing* digital certamente garantirão vantagens competitivas, afinal esse conjunto de ações *online* promove mais visibilidade para seus negócios, além de ser um excelente recurso para mensurar os resultados de cada iniciativa.

Você pode estar se perguntando se é possível analisar mais a fundo as ações realizadas. A resposta é sim! As ferramentas digitais evoluíram bastante nos últimos anos e, a partir delas, pode-se avaliar minuciosamente cada resultado. As plataformas pagas, como Facebook Ads e Google Ads, e gratuitas, como Google Analytics, mostram relatórios completos com todos os dados de suas ações digitais. Assim, com apenas alguns cliques, o empreendedor tem à sua disposição uma infinidade de informações que o ajudarão a entender como os clientes reagem aos seus esforços.

No universo do mercado imobiliário, especialmente para corretores, as estratégias digitais estão cada vez mais presentes no dia a dia, trazendo oportunidades de negócios e diferenciação para aqueles que estruturarem bem suas iniciativas de *marketing* digital. No entanto, esse profissional precisa se atualizar constantemente, ser criativo e buscar seu espaço na *internet*, pois o mercado está cada vez mais competitivo.

É preciso se mostrar presente, tendo uma boa atuação na *internet* em diversos canais, além de planejar uma estratégia de *marketing* digital efetiva para alcançar os possíveis compradores. Nesse cenário, o empreendedor precisa atentar-se ao relacionamento, especialmente nos meios digitais que, hoje, precedem o contato pessoal.

Posicionamento no meio digital

Você sabia que, aproximadamente, 80% dos compradores de imóveis fazem pesquisas *online* antes de concluir a compra? Após a necessidade ou desejo por uma nova propriedade, o potencial comprador busca avaliar as diferentes opções, pesquisando em *sites* ou portais. Nessa procura pelo imóvel ideal, ele terá inúmeras ofertas ao seu alcance e, muitas vezes, na palma de sua mão. Sendo assim, as empresas e os profissionais que conseguirem atender às principais dúvidas e tiverem o maior número de informações, transmitindo profissionalismo e credibilidade, serão eleitos para apoiá-lo na sua jornada de compra.

Uma presença digital consolidada, principalmente no mercado imobiliário, será fundamental durante o processo percorrido pelo novo comprador. Por isso, investir em ações como ter um bom *site* e um perfil bem estruturado nas redes sociais, além de traçar estratégias de conteúdo para divulgar o seu trabalho no ambiente virtual e ter um sistema completo de gestão para gerenciar o processo, serão práticas fundamentais ao desenvolvimento dos negócios. Vejamos um pouco mais sobre cada oportunidade.

Site

Quem pretende se manter competitivo no mercado, precisa ter um *site* de ótima qualidade, pois ele marca a presença digital cumprindo uma função muito além de um cartão de visitas. O *site* terá a função de apresentar sua empresa, mostrar sua credibilidade e seu modelo de trabalho, além de ser a consolidação do seu portifólio, afinal, a variedade de imóveis e opções disponíveis serão o ponto de partida para o início de um relacionamento e de futuros negócios.

Ter um site funcional é imprescindível, principalmente no setor imobiliário. A recomendação é dedicar-se para descrever detalhadamente as informações sobre os imóveis, pois, nesse mercado, menos não é mais! É preciso mostrar boas fotos dos imóveis e, se puder, disponibilizar recursos de *tour* virtual 3D. Assim, todos terão uma impressão real sobre o que está sendo ofertado, facilitando a vida de compradores e corretores.

Redes sociais

As redes sociais definitivamente fazem parte da vida da maioria da população brasileira; atualmente, é quase impossível passar um dia sem acompanhar pelo menos uma rede social. Diariamente, cerca de 91% dos corretores de imóveis as utilizam como ferramenta de *marketing*. Nesse cenário, os outros 9% certamente estão perdendo oportunidades de potenciais novos negócios.

No entanto, apenas estar presente nas redes sociais não é garantia de novas vendas. É necessário contribuir e gerar valor para o público relacionado, com perfis em redes sociais bem estruturados, apresentação profissional e informações que satisfaçam a curiosidade e a necessidade daqueles que acompanham o perfil.

Sendo assim, é importante disponibilizar ao público algo interessante e criativo, criando um relacionamento próximo. Para isso, você pode utilizar diferentes estratégias de comunicação, como, por exemplo, depoimentos de clientes, certificados adquiridos para gerar credibilidade, solução de dúvidas, atualização sobre o segmento e principais notícias, além de, é claro, informações sobre novos imóveis e empreendimentos, ofertas e lançamentos. Mas, cuidado, não estamos falando apenas de venda! Por isso, não é interessante ter um perfil que faça postagens apenas de produtos, do tipo "compre, compre e compre"; as pessoas querem informação e novidade, algo que as auxilie a tomar uma decisão importante de compra.

Estratégia de conteúdo

As redes sociais são utilizadas na estratégia de conteúdo da maioria das empresas e dos empreendedores brasileiros, mas o ideal é diversificar essas frentes segmentando as ações. Sendo assim, você pode pensar em pilares de comunicação que atinjam diferentes tipos de público, tais como:

- Institucional;
- Promoções;
- Curiosidades;
- Sazonalidades;
- Produto ou serviço;
- Mercado e tendências.

Depois de escolher seus pilares de comunicação, estruture como entregar esse conteúdo a seu público-alvo. Você pode utilizar, por exemplo, um *blog* para consolidar o material desenvolvido e alcançar novas pessoas por meio de *posts* nas redes sociais.

Planejamento de Marketing Digital

É muito importante conhecer as possibilidades e ferramentas digitais, mas é preciso planejar todas as ações para ter resultados reais. E é justamente aqui que entramos com o planejamento de *marketing* dentro da sua estratégia para alcançar um público realmente qualificado.

Um planejamento bem estruturado de *marketing* digital possibilita ao corretor de imóveis trabalhar de maneira mais efetiva em suas ações de prospecção. Com isso, você consegue estudar as ações do seu público, diferenciando quem ainda está em estágios iniciais de quem já está altamente envolvido no processo de compra.

Logo, é possível pensar e criar ações específicas para o funil de captação de *marketing* digital. No mercado imobiliário, pode-se adaptar um funil de captação considerando as seguintes etapas: atração, consideração e conversão. Vejamos um pouco mais sobre esse planejamento.

Atração

A primeira etapa do funil de captação de *marketing* digital busca atrair novas pessoas e despertar o interesse pelo que você está ofertando. Portanto, nesse momento, é crucial que você tenha a oportunidade de apresentar sua empresa. Essas pessoas ainda não conhecem seu trabalho e, talvez, não estejam nem mesmo interessadas em comprar um imóvel naquele período – embora desejem isso em algum momento.

Você pode utilizar diversas ferramentas para atrair o seu público-alvo, e uma boa alternativa é criar um *blog* voltado ao *marketing* de conteúdo, atraindo o público por meio de artigos que serão encontrados em pesquisas no Google e em redes sociais.

Também é recomendado o uso de anúncios no Google ou em plataformas sociais, como Facebook e Instagram, direcionados a pessoas que estejam interessadas no mercado imobiliário. O importante é levar tráfego qualificado ao seu *site*, atraindo pessoas para seguirem as próximas fases da jornada de compra.

Consideração

Nessa etapa, as pessoas que já foram atraídas começam a considerar sua empresa como uma possibilidade para fazer a compra do imóvel, dentre outras que elas podem contatar.

Para trabalhar essa consideração, você pode utilizar seu *blog* para falar sobre aspectos que envolvem o universo imobiliário. Mas lembre-se: é importante oferecer conteúdo que agregue valor para que o potencial comprador considere sua empresa ou seus serviços. Seja criativo e pense o que chamaria a atenção do seu público e quais problemas você poderia ajudá-lo a resolver.

No entanto, vale ressaltar que a pessoa em questão já chegou até o seu *site*, conheceu o seu trabalho, mas talvez ainda não esteja no momento de efetivar uma ação. Agora, a ideia é fazer com que ela entenda os benefícios, as vantagens e seu profissionalismo, mostrando que você é o corretor de imóveis ideal para ajudá-la a realizar o seu sonho, direcionando-a, assim, para a etapa seguinte.

Conversão

A conversão é a terceira fase do funil e consiste, basicamente, em fazer com que a pessoa que se interessou pelo imóvel entre em contato.

Para captar novos interessados e gerar conversões, você pode desenvolver campanhas de mídia, em canais como Google e redes sociais, para públicos específicos, com o objetivo de gerar contato, ou seja, usar campanhas para fazer com que o potencial cliente fale com você. Para isso, é imprescindível que tenha uma opção chamativa e de fácil acesso, em um *site* poderia ser um botão de destaque, que leve o potencial cliente a entrar em contato com você – o que chamamos de *call to action*.

A partir daí, começa o processo de vendas efetivamente, no qual o corretor de imóveis vai entender as necessidades e auxiliar no processo da escolha do imóvel ideal.

Venda

Não vamos nos propor a falar sobre técnicas em vendas, até porque, você, corretor, é o *expert* nisso! Mas queremos mostrar que, até aqui, o *marketing* digital atraiu e fez com que uma pessoa qualificada entrasse em contato. Após percorrer todo o funil, o *lead* está pronto para conversar mais diretamente sobre a decisão de compra.

Pense que você está tratando com o sonho de uma pessoa, por isso, o relacionamento interpessoal é muito importante! O digital já cumpriu o seu papel nas etapas anteriores, agora, você precisa ajudar o consumidor no seu processo de decisão para que ele continue envolvido e, claro, faça uma boa escolha.

Corretores de imóveis que não possuem uma estratégia de *marketing* digital bem estruturada não conseguem monitorar todo esse percurso do cliente, tendo bastante trabalho para encontrar *prospects*. Eles acabam perdendo muito tempo procurando e tentando perceber se determinado consumidor comprará ou não um imóvel.

Corretor coach

Já deu para perceber a importância de se trabalhar com estratégias digitais, não é? Elas auxiliam na fase inicial e o deixam livre para focar naquilo que você mais sabe fazer: vender! E para que todo esse processo funcione bem, é fundamental contar com o apoio profissional de empresas que tenham conhecimento e experiência no assunto, pois elas facilitarão o seu trabalho e otimizarão os resultados!

Capítulo 6

Corretor de imóveis: a profissão que me escolheu

Cristiano Figueiredo de Moraes

Não é o que pensamos, ou que acreditamos que somos, que irá nos definir, e sim as atitudes que temos diante dos obstáculos que se apresentam.

Cristiano Figueiredo de Moraes

Corretor de Imóveis – Creci 100481-F. Empresário no ramo Imobiliário – Figueiredo Imóveis e Assessoria. Subdelegado Municipal – CRECISP, Município de Tatuí-SP, membro do COMPLAT (Conselho Municipal de Planejamento e Desenvolvimento Territorial) representando a Instituição CRECISP; (gestão de 2013 a 2016). Atua no mercado imobiliário desde 1996 como assistente de vendas e administração de bens, tornando-se corretor de Imóveis, atuando no setor de avaliações imobiliárias, administração de bens imóveis, vendas de imóveis urbanos e rurais, participando de lançamentos e preparação de equipes para vendas em lançamentos, no mercado imobiliário de Tatuí e Região.

Contatos
figueiredoimoveis@cresce.org.br
(15) 3251-5845

Abri as janelas do escritório do meu pai, era um dia quente de sol, na segunda-feira mais triste da minha vida, da sacada eu avistava a praça da Matriz, que ainda estava repleta de faixas, laços e muitas flores, das comemorações do Dia da Mulheres, que haviam ocorrido naquele fim de semana.

Estarrecido, voltei-me para dentro olhando cada detalhe daquele escritório. A dor que eu sentia rasgava meu peito me deixando confuso e amedrontado. Com apenas 17 anos de idade, eu havia perdido aquele que era meu porto seguro, um amigo, uma pessoa que eu admirava, eu sentia o sabor amargo que é a perda de um pai.

Completamente desnorteado, ouço o telefone tocar, um cliente perguntava sobre imóveis para compra, e eu me vi diante da profissão que a vida escolheu pra mim. Emancipado pela minha mãe, busquei meios legais de trabalho e abracei a oportunidade de forma a não deixá-la ir, vesti a camisa e decidi que seria Corretor de Imóveis.

Eu sabia que não poderia competir com os grandes Corretores da época, mais experientes e influentes, eu era um garoto ingressando no mercado de trabalho, então comecei a trabalhar em áreas não exploradas por eles, naquela época, havia um bairro novo, por nome Santa Rita de Cássia, era um bairro bem simples sem infraestrutura, e meu pai tinha dois lotes lá. Comecei com esses dois lotes, vendi parcelado, os lotes eram tão baratos que eu não tinha lucro suficiente para pagar as contas naquele momento, e eu não tinha mais recursos financeiros, então usei de estratégias para fazer negócios, passei a comprar lotes para pagar em parcelas, e vendia os mesmos lotes em parcelas mais altas, montando assim uma carteira, que nos manteve por pelo menos três anos. Esses negócios me deram experiência e entendimento prático ao ramo imobiliário, foram o alicerce para os negócios que viriam adiante.

Eu sabia que essa carteira de lotes teria um fim então, antes de acontecer, passei a abrir um leque de negócios diferentes, nessa época comecei a trabalhar com locação de casas, começando do início, com uma casa, duas, e assim por diante.

O tempo foi passando, eu não tinha estabilidade, me esforçava muito dia após dia para conseguir me manter na profissão.

Corretor coach

Nessa época, a proprietária do prédio onde ficava meu escritório, que eu locava, pediu para uso próprio o ponto comercial.

Entrei em desespero, afinal naquele momento eu perderia o ponto comercial e todo comerciante sabe que mudar o escritório pode significar o suicídio do próprio negócio. Naquela época ainda não se trabalhava com *internet* e redes sociais, o ponto era de extrema importância ao comerciante, procurei na região por outros imóveis, todos eram bem mais caros, então decidi que construiria meu escritório na casa em que eu morava, que ficava a 1,5 km de distância da praça da matriz, uma avenida movimentada, porém longe do centro comercial, era uma mudança muito arriscada, mas eu via potencial naquele lugar.

Eu não tinha capital para essa empreitada, isso exigiu risco, coragem, dedicação e muita fé para conseguir, entrei em uma dívida enorme para construir meu escritório. Foram meses de pressão para terminar a construção e conseguir entregar o ponto do centro da cidade a tempo. Com muito suor, conseguimos e eu entrei no meu escritório pronto.

Meu novo escritório, afastado do centro da cidade, com uma dívida a saldar, e minha família para sustentar, era o início de uma outra jornada, mais pesada do que a primeira, confesso que às vezes fraquejava, passei por muitos problemas, as contas vinham chegando e eu cada vez mais pressionado a conseguir me manter, foram dias difíceis, contas atrasadas, juros sobre juros.

Apesar de todos os problemas, eu mantinha uma fé muito grande, de que essa fase passaria e eu teria sucesso na profissão. Meu caixa se mantinha em *déficit* e eu trabalhava de segunda a segunda para conseguir me manter. Até que um dia as contas passaram a se equilibrar, não sobrava dinheiro, mas também não havia mais *déficit* no caixa, e assim ele se manteve por muitos anos. Nessa época, eu trabalhava para manter o equilíbrio, passávamos por altos e baixos, por vezes o caixa ficava negativo, juros de cheque especial, mas sempre conseguindo estabilizar. Aos poucos, e com bastante esforço, fui conquistando espaço no mercado e, com muitos negócios realizados, passei a ter mais clientes e oportunidades.

Eu sempre estava atento ao movimento do mercado, acompanhava a economia do País, e as oportunidades que surgiam, tais como movimentações do governo em prol ao mercado imobiliário, as várias linhas de crédito e, claro, a mais conhecida de todas, o projeto Minha Casa Minha Vida. Tais conhecimentos me traziam base de negociação, e facilidade para encontrar o melhor negócio para meu cliente. As evoluções tecnológicas traziam novidades que nos ajudavam a melhorar ainda mais o desempenho nas negociações e capitalização de clientes.

Então, com o passar do tempo, me foram surgindo novos negócios, maiores e melhores. Bons negócios podem surgir a qualquer momento, pode ser em uma abertura de linha de crédito, pode ser na mudança de uma lei, nas fases de alta e baixa do mercado no País. É sempre muito importante estar atento, afinal bons negócios dependem de conhecimento, estratégia e oportunidade.

Quando nós enxergamos nosso trabalho como fonte exclusiva de sobrevivência, nós nos entregamos por completo, fazemos nosso trabalho bem feito, com dedicação, disciplina e esmero. Com boa administração, bom senso, sem vaidade, sem sonhar demasiadamente e sem acreditar que as coisas serão fáceis, se um negócio estiver muito fácil, desconfie, porque pode não ser tão fácil quanto parece.

Fracassar não é feio, e não pode ser motivo de desistência, partindo do ponto que o fracasso não venha da desonestidade, honre seus compromissos e logo terá nova chance.

Tive a oportunidade de fazer grandes negócios, que acabaram surgindo com o tempo, pela experiência e por bons serviços prestados a clientes, vendi um grande número de lotes para uma construtora, e algumas as casas prontas para o consumidor final.

Uma empreendedora convidou os corretores a participar das vendas de lotes, em um lindo condomínio, era uma empresa idônea com ótimos produtos, percebi uma grande oportunidade ali. Eu já tinha alguns anos no mercado, havia feito muitos negócios até aquele momento, resolvi mergulhar de cabeça nesse empreendimento, vendi um enorme número de lotes, foi o melhor momento da minha carreira, fui premiado melhor corretor de imóveis.

Hoje, com 40 anos, tenho muita experiência e gratidão pela profissão escolhida. A cidade evoluiu e a avenida onde construí meu escritório se tornou um centro comercial. Com todos esses anos dedicados ao ramo, tenho como consequência uma carteira grande de imóveis locados, de clientes investidores, equilíbrio na vida pessoal e reconhecimento profissional.

Não é o que pensamos, ou que acreditamos que somos, que irá nos definir, e sim as atitudes que temos diante dos obstáculos que se apresentam.

Enfrentar os desafios do dia a dia requer coragem, esta que é a mais importante das qualidades humanas, já que abre portas para as outras. Haverá negócios difíceis que, por inúmeros motivos, não darão certo, frustrando, assim, as expectativas sonhadas, mas, nem

Corretor coach

por isso, devemos achar que foi tempo perdido, ou desanimar, afinal, quando damos o nosso melhor, muitas vezes o cliente reconhece, e pode voltar para fazer um novo negócio.

Apesar de todas as dificuldades que nossa profissão apresenta, é preciso ter coragem para continuar o trajeto e encontrar pontos positivos no aprendizado que cada negócio realizado pode trazer.

Seja qual for a negociação que fizer, seja sempre grato, haverá frustrações, ilusões, negócios perdidos, esses são momentos que nos fazem esquecer o quão satisfatória pode ser essa profissão, em que você resolveu mergulhar de cabeça, os fracassos nos fazem mais fortes.

Alguém disse que seria fácil? O caminho mais difícil, normalmente, tende a ser o melhor, por vezes não escolhemos o caminho, ele que nos escolhe. Explore seu potencial, alcançar um objetivo é bom demais, mas é o trajeto que nos torna mais experientes.

Evite ter problemas com colegas de profissão, são eles que muitas vezes estarão prontos para fazer negócios juntos. Não perca o foco, a sua satisfação pode estar no momento em que você aconselhará o seu cliente a não fechar negócio, prometendo trabalhar para encontrar um novo ainda melhor, mesmo que isso faça com que perca a sua comissão naquele momento. Entenda que um cliente satisfeito volta e traz outro com ele.

Reflita quando aquele negócio que você achou que não daria certo lhe der uma comissão maior do que a esperada, pois isso irá acontecer. Analise sempre seus erros e acertos, suas atitudes, e o que precisa ser consertado. É uma grande dádiva reconhecer os próprios erros. Tente não se comparar com os outros e, sim, se inspirar com os melhores, sempre dar o melhor de si mesmo. Compare seu ontem e seu hoje e se pergunte, eu estou melhor? Vencer a nós mesmos é nossa maior vitória.

Para chegar ao último degrau, devemos pisar no primeiro, evite pular etapas, conquiste aos poucos e continue abrindo caminhos sempre. Supere-se a cada dia e não julgue os outros, supere-se a si mesmo, você só irá fracassar se desistir.

Seja exemplo, pratique a ética da profissão, você só tem a ganhar com a honestidade.

Se eu obtive sucesso com uma profissão que me escolheu, imagine o que pode fazer com a profissão que você próprio escolheu?

A responsabilidade de fazer as coisas acontecerem está em cada um de nós.

"Me jogaram em um grande mar, nadei por um longo trajeto, enfrentei tempestades a sede e o sol escaldante, apesar dos muitos percalços, nunca pensei em desistir, até que um dia veio a grande onda, e eu surfei até a praia." – Cristiano Figueiredo.

Capítulo 7

Mercado imobiliário e suas atualizações

Dani Maurício de Lima

Inovar com tecnologia nas redes sociais. Acreditar e usar estratégias de mercado. Atualizar e planejar o plano de *marketing*. Trabalhar gestão de vendas e desenvolvimento do negócio. Relacionamento com o cliente, prestação de serviço, disciplina e aumento da taxa de conversão.

Tire tempo para cuidar da saúde física e mental, inspiração e transpiração.

Corretor coach

Dani Mauricio de Lima

Diretor e sócio da empresa: Danny Mauricio Consultoria Imobiliária. Corretor de imóveis I Gestor de negócios imobiliários, *Marketing Business-Innovation*. *Leader Training* (Certificado Signa Treinamentos). TTI - Técnico em Transação Imobiliária. Diversos cursos de aperfeiçoamento: formação na área do mercado imobiliário, segurança e autogestão em condomínios residenciais, segurança patrimonial, *performance* em administração de moradia condominial. Curso em capacitação de empreendedorismo pelo Sebrae. Outras qualificações profissionais: bacharel em Educação Física, com três cursos profissionalizantes pelo SENAI/SP, Técnico em Mecatrônica, modelo ator de *casting*. Ex-militar das Forças Armadas: Exército Brasileiro / Força Aérea Brasileira, atleta amador de tênis.

Contatos
dannyimoveis@outlook.com
dani_mauricio12@hotmail.com
Página Facebook: dannymauricioconsultoriaimobiliária
Perfil Facebook: Dani Mauricio
Instagram comercial: danny_consultoria_imobiliaria
Instagram pessoal: dani_mauricio.official
(19) 99945-7184

> "Não é só vender imóveis, é participar dos projetos e sonhos dos nossos clientes."
> Dani Mauricio

Inovar com tecnologia nas redes sociais e atualizar o plano de marketing

O tempo é nosso maior patrimônio, otimizar o tempo dos clientes é de extrema importância para agilidade de contato e atendimento completo até o fechamento do negócio imobiliário.

As redes sociais vieram para revolucionar a agilidade do atendimento e são um filtro para as buscas dos clientes.

Com uma clareza nas ideias e foco no produto, as redes sociais são ferramentas para agregar valor a sua marca e produto, sendo um anúncio de imóveis ou a expressão da sua marca em destaque no *post*, podendo ser uma imobiliária ou de um profissional autônomo no mercado imobiliário.

Uma boa apresentação com ilustração gera resultado e conversão de vendas para os clientes. Sendo assim, acreditar no retorno da *internet*, mídias digitais/sociais: Facebook, Instagram, YouTube, Twitter e do WhatsApp é fundamental para nossos dias.

Para ter resultados, seja fiel ao seu mercado, seja comprometido com seu cliente e passe valor profissional ao seu atendimento e trabalho. Fique atento ao *follow up*.

Tenha sempre disposição para um bom preparo de *marketing* pessoal e profissional, pois hoje a tecnologia permite uma busca rápida dos perfis. Em suma, seja uma mensagem positiva para seus clientes.

Acreditar e usar estratégias de mercado: trabalhar gestão de vendas e desenvolvimento do negócio

Atualmente temos muitas ferramentas para o auxílio de uma atualização do mercado. Cabe ao corretor de imóveis estar atento aos cursos e às referências que o mercado imobiliário disponibiliza para auxiliar o crescimento e a autogestão do profissional.

Vale sempre lembrar que o CRECISP (Conselho Regional Dos Corretores de Imóveis) está sempre oferecendo cursos e palestras para capacitação dos corretores de imóveis.

O corretor de imóveis deve estar sempre atento ao mercado e a seu público. A autocapacitação é fundamental para o dinamismo e potencialidade do corretor imobiliário. O corretor de imóveis deve trabalhar todo o processo de venda do cliente.

A atenção vai desde a captação do imóvel, informações precisas e verdadeiras, até o cadastro do cliente com a ficha de atendimento. Nessas etapas, cabe seguir os passos do funil de vendas e valorizar o cliente como único e especial.

São esses pontos que considero de importância para toda a gestão do negócio. O desenvolvimento do negócio será o fruto da sua atenção e prestação de serviço. Já a consolidação do fechamento de negócio é a consequência da sua vibração.

Relacionamento com o cliente, prestação de serviço, disciplina e aumento da taxa de conversão

Quanto mais transpiração, maior a chance de conversão. Trabalhe para seu cliente como se você fosse comprar o imóvel negociado, seja na venda ou compra de um imóvel, ele precisa sentir sua verdade e emoção. Tenha mais relacionamento com o cliente em sua prestação de serviço, assim serão maiores as chances de fidelização entre o cliente e o corretor de imóveis.

A disciplina constante de buscar a melhor opção para o cliente certamente será importante para uma conversão de venda bem-sucedida, com o reconhecimento valoroso da prestação de serviço em sua intermediação imobiliária.

Estar disposto a ouvir e se colocar no lugar do cliente é extremamente importante. Fique ligado ao *feedback* dele. Jamais pense em seu lucro imediato, mas foque para resolver problemas, pense em contribuir para a solução final do cliente.

O valor de um bom atendimento e a satisfação do seu cliente são pontos-chave para a celebração de uma boa intermediação.

Certamente, o fruto disso será a colheita de uma boa remuneração de comissão justa e satisfatória.

Tire tempo para cuidar da saúde física e mental, inspiração e transpiração

Toda profissão gera desgaste físico e psicológico, tenha sempre em mente a importância de levar uma vida saudável e harmoniosa.

Reserve sempre um tempo para cuidar de sua saúde, tenha o hábito de praticar atividade física, busque auxílio de um profissional de educação física.

Tenha uma boa alimentação, cultive o hábito de ler bons livros, leia a Bíblia, pois independentemente de qual for a sua crença, é o livro mais vendido no mundo e, com certeza, contém palavras de vida, amor, encorajamento e fé.

Viva a vida em sua plenitude, viaje em família, com amigos, vá ao teatro, viva a beleza da vida em sua essência, respeite as pessoas, queira o bem, seja também o bem.

Tenha sonhos, tenha metas, acredite na beleza dos seus sonhos e vá atrás das conquistas e realizações.

Tenha amor e paixão pelo que você faz, faça a diferença na sociedade, seja luz no mundo. (MT 5:14)

Agradecimentos

Agradeço primeiramente a DEUS pela graça da vida, também a minha esposa (Monique Campos de Souza Lima) que sempre me encoraja e intercede por mim, a meu filho amado Pedro Lucca de Souza Lima, meu presente de Deus. A todos os amigos(a) e colegas corretores de imóveis.

Faço um agradecimento especial aos amigos parceiros da Haus Arquitetura e Construções, ao Valdir da Silva da JL Terraplanagem, ao Rodrigo da Lofts e toda sua equipe, ao Glauco da Luxor Engenharia com a toda diretoria e sua equipe, ao Alberto Pinheiro, Breno e toda equipe da Pinheiro Incorporações, ao corretor parceiro Marcos Cardoso, e ao corretor Almir Pecht, aos amigos Gabriel e Lulí da GPCI e todo seu time de colaboradores.

Também aos diretores da IBEN Engenharia, Eduardo Militão, ao amigo Loy Albarado da Kasalho Engenharia, ao Beto Masotti e toda sua equipe, ao prefeito de Indaiatuba-SP, Nilson Gaspar e seu Vice Dr. Tulio, aos vereadores da Câmara Municipal, ao vereador Massao Kanesaki, ao amigo Dr. Fernando Jaguaribe (KIKO), ao Renato Pessoa, ao Daniel da Damfer, aos diretores da construtora Congesa e seus colaboradores.

Mando um abraço e agradecimento ao Rodrigo, à Adriana e ao Athos Mazzoni da construtora Congesa, ao Mestre e Professor Humberto Panzetti, ao fotógrafo Sacha Ueda, ao Fabricio e colaboradores da Fas Group Assessoria Contábil, aos diretores Silmara Silva, meu amigo Veiga do Grupo GTA Segurança e Serviços, ao amigo e Advogado Dr. Caio Devecchi, obrigado a todos vocês!

A meus pais William de Lima e Alicia Martin, meus irmãos Stefan Luck e Melien Malene, que sempre acreditaram e acreditam em meus sonhos e desafios, a todos vocês, muito obrigado pelo carinho e afeto.

A todos os familiares próximos e distantes, pela amizade e afeto, em especial aos meus avós, Ruth Ciampone de Lima, João de Lima e Maria Aurélia Arruti e a meu avó de coração Sr. Antonio da Silva, direto da Ilha da Madeira em Portugal.

Grande abraço aos familiares da Itália, família Ciampone.

Saudades dos familiares da Argentina, beijo no coração dos tios, tias e primos. Agradeço a todos os amigos de jornada, seja em qual for a etapa da vida, se nos encontramos, certamente ali aprendi algo que me ajudou a crescer e amadurecer. Agradeço aos meus seguidores, seja qual for as redes sociais, vocês fazem parte do meu sucesso pessoal, deixem sempre as suas curtidas. Os que ainda não são clientes também.

Agradeço, ainda, ao Sr. José Augusto Viana (Presidente do CRECISP) por estar sempre em busca da profissionalização e capacitação do corretor de imóveis.

À editora Literare Books, pela oportunidade e participação no projeto *Corretor coach*, desejo sucesso e vida longa nesta parceria.

Por fim, um agradecimento em reserva especial para meus clientes, meu muito obrigado por todos vocês que confiaram e confiam em meus serviços prestados e dedicação. Ofereço esta saudação também aos futuros clientes e aos leitores deste projeto.

Att.,

Dani Mauricio De Lima
LC1:37

Capítulo 8

O caminho simbólico do herói para o sucesso

Kleber Padoam Medeiro e Paulo Evaristo da Fonte

Neste capítulo, você encontrará o caminho do herói, uma metáfora poderosa para ajudá-lo a identificar o seu atual estágio de desenvolvimento e lugar no mundo. Você vestirá o manto do seu herói favorito e despertará todo o potencial na jornada da vida. O herói observa em qual estágio se encontra e encara o conflito, não como maldição, mas uma etapa a ser cumprida, uma oportunidade de crescimento pessoal e espiritual. Você é o herói dessa Jornada.

Corretor coach

Kleber Padoam Medeiro

Empreendedor digital, graduando em Psicologia pelo Centro Universitário Católico Salesiano Auxilium – UniSALESIANO (Araçatuba – SP, 2019). Curso de Hipnoterapia Técnica e Teórica (Cursos Araçatuba-SP, 2018). "Sensibilização para Qualidade" (JGL, 2007).

Paulo Evaristo da Fonte

Graduando em Psicologia pelo Centro Universitário Católico Salesiano Auxilium – UniSALESIANO (Araçatuba – SP, 2019). Curso de Hipnoterapia Técnica e Teórica (Cursos Araçatuba-SP, 2018). Técnico em Contabilidade pelo Colégio 14 de Agosto (Mirandópolis-SP, 1978). Formado em Ciências Econômicas pela Faculdade Rui Barbosa (Andradina-SP, 1986). Advogado, graduado em Direito pela Faculdade Toledo (Araçatuba-SP,1997). Pós-Graduação em Direto Processual Civil pela Toledo (Araçatuba-SP, 1998).

Contatos

Kleber
klebberpadoam@hotmail.com / (18) 9882-3409 (WhatsApp e cel.)

Paulo
pevfonte@yahoo.com.br / (18) 99107-9544

> "A caverna que você tem medo de entrar
> guarda o tesouro que procura."
> (Joseph Campbell)

Que a verdade seja dita, conquistar nosso lugar no mundo não é uma tarefa fácil, mas muito pelo contrário, é desgastante e doloroso. Mas, então, como podemos seguir em frente com nossos sonhos sem perder nossa vitalidade e coragem? Como saber em qual estágio me encontro nas mais diversas áreas da vida? Quais são as etapas que tenho que passar para conquistar a vitória tão sonhada? Como saber quais são minhas limitações, e como devo trabalhá-las? Quem são meus aliados e meus inimigos? Essas perguntas são feitas desde dos primórdios da humanidade, desde quando o *homo sapiens* adquiriu a habilidade única de entender e explicar o mundo. Ele desenvolveu um sistema de narrativas complexas para a compreensão e transmissão de informação. A mitologia foi uma dessas extraordinárias ferramentas encontrada pelo *sapiens* para transmitir conhecimento e tentar compreender os fenômenos da natureza.

A simbologia dos mitos

Utilizando-se de uma linguagem metafórica e simbólica, as histórias de heróis, como Hércules, Aquiles, Teseu, lendas como a de Homero, trazem mais do que uma simples aventura com heróis imperfeitos, vilões extraordinários, romance, mistério e magia. Os mitos e lendas exploram condições humanas fundamentais, como a vingança, a cobiça, o ciúme, a inveja, a ira, o perdão, a sorte e, claro, o destino. Como um espelho, os mitos refletem e nos fazem refletir sobre nossa própria jornada arquetípica e como podemos encontrar nosso próprio lugar no mundo. O grande mitólogo e escritor Joseph Campbell, em seu livro *O herói de mil faces*, identificou e estabelece essa relação teórica arquetípica encontrada nos mais diversos mitos e culturas. Em tese, todo mito segue um padrão em comum em alguma instância. Por exemplo: a história de Buda, Osíris, Moisés, Prometeu e até mesmo a história de Jesus, e muitos filmes famosos como *Star Wars* seguem o padrão do monomito.

A utilidade do modelo

"Ok, eu entendi, mas por que isso poderia ser útil para mim?" Talvez, você, caro leitor, tenha se perguntado. Como dito antes, os mitos refletem nossa própria condição humana. A jornada mítica do herói revela um modelo exatamente útil para o nosso aprendizado, identificando o nosso próprio modelo de vida, e qual parte desse processo se encontramos. Dessa forma, existem momentos em que a vida cobra dinamismo, uma postura diferente em relação a ela, forçando uma nova aventura, uma nova jornada. Lembrando que o herói aqui é você! Somente você sabe quais são os seus objetivos e dificuldades. A mitologia, assim como as histórias consagradas da literatura, pode ser entendida de modo pedagógico, nos ensinando a identificar padrões da própria vida e como devemos lidar com eles. Eu imagino, caro leitor, que você tenha um sonho e, para atingi-lo, você deve trilhar um longo caminho, com negações, provações e muitas perdas. Agora, faço um convite, humildemente, caro leitor, eu lhe ofereço uma oportunidade de reflexão sobre sua própria jornada pessoal; em qual instância da jornada do herói se encontra? O que precisa fazer para chegar à próxima etapa? Você tem todas as ferramentas e aliados necessários?

O chamado

No início de qualquer projeto, o herói é convidado para cruzar os limites impostos, seja físico ou psicológico, adentrar em um mundo completamente desconhecido. Cada um de nós tem uma habilidade única, que pode ser explorada de forma ilimitada, mas, às vezes, trancada a sete chaves.

A recusa

O herói recusa o chamado para novos desafios. Ele ainda não acredita em si mesmo o suficiente para começar um novo projeto, ele tem o medo mortal de falhar, então prefere recusar o chamado e se manter onde se encontra.

O mentor

O herói ainda é fraco, inexperiente, ele necessita de um mentor que possa auxiliá-lo em seu caminho, pode ser alguém da própria família, amigos, ou um sócio que tenha conhecimentos necessários em determinada área. Em termos psicológicos, o mentor é a incorporação da confiança, proteção, coragem e da própria fé.

Os limites

O herói sempre deve ultrapassar limites, sair da sua zona de conforto entre o mundo conhecido e o desconhecido. Quando ele fica na fronteira entre esses dois mundos, algo mágico acontece, novos caminhos e oportunidades se abrem.

Iniciação e testes

Quando o herói ultrapassar os limites entre o mundo conhecido e o desconhecido, surgem os desafios, o que implica em desconforto. Esse é o objetivo da iniciação em várias culturas, onde o indivíduo deve expandir sua consciência e superar suas dificuldades. O herói será confrontado pelos mais diversos testes, encontrará adversários poderosos que, muitas vezes, são apenas seus próprios medos, projeções da sua própria consciência.

O retorno

Quando o herói alcançar seus objetivos, ele retorna para casa com uma grande bênção, pode ser um novo conhecimento, um novo empreendimento, que ele ou ela tanto sonhava, ou até mesmo uma nova forma de ver e entender o mundo. O herói achou o tesouro que tanto procurava, agora é a hora de o herói retornar ao início e começar novamente uma outra jornada.

Referências

CAMPBEL, Joseph. *O herói de mil faces*. Cultrix, 1949. p.10.

HARARI, Yuval. *Uma breve história da humanidade*. L&pm Pocket 2018. p. 37.

O'CONNELL, Mark, AIREY, Raje. *Almanaque ilustrado símbolos*. Escala, 2011. p. 56.

Capítulo 9

Afinal, em qual profissão o sucesso é fácil e rápido?

Marcelo Augusto Ferreira

Corretor de imóvel, a profissão que poucos sonham, muitos reclamam e alguns sabem fazer a diferença e ter resultados acima da média.

Marcelo Augusto Ferreira

Bacharel em Direito, corretor de imóveis (Creci n° 92.299) com especialização em locação e administração de bens imóveis e avaliação de imóveis para fins judiciais. Com vasta experiência no mercado imobiliário atuando desde 2004, é também filho de corretora de imóveis. Sempre vivenciou na prática os desafios do segmento e se apaixonou pela profissão buscando as melhores opções e alternativas para os inquilinos e proprietários, resolvendo os problemas e situações críticas sempre com ética e profissionalismo. Reconhecido em sua região na Capital Paulista pela seriedade e pontualidade com os seus compromissos.

Contatos
marcelosoldano@gmail.com
(11) 99903-7524

Hoje, com o mercado competitivo e a *internet* como ferramenta de venda de grande proporção, os corretores de imóveis têm que se atualizar e dar ao cliente o seu melhor. Fácil? Não! E muito menos simples de fazer, mas necessário. Médicos reconhecidos, advogados bem-sucedidos e engenheiros que se destacam estudam muito! Por qual motivo corretores de imóveis acham que não precisam qualificar-se?

No início da minha carreira como corretor de imóveis, devido à instabilidade do mercado e as constantes adversidades dos nossos governantes a fim de baixar custos, fiz meu escritório em casa *"home office"*. Comecei com venda, locação e administração de imóveis, particularmente com locação, buscando receita recorrente. Iniciei uma carteira com imóveis para locação, em que o trabalho consiste em conhecer o proprietário do imóvel, trabalhar a locação com anúncios, placas, etc. e, o principal, conquistar a confiança desse proprietário. Esse cliente, após um trabalho completo, começou a ser fiel à carteira de imóveis por anos, proporcionou renda mensal recorrente e engordou os rendimentos. Mesmo com dificuldades, e de maneira simples, descobri como trabalhar em um mercado repleto de desafios. Você pode fazer o mesmo.

É importante também que esteja sempre atualizado. Eu, por exemplo, realizei algumas outras formações como a graduação em Direito, o curso do CRECI São Paulo e o curso de especialização em avaliação de imóveis.

Isso sem falar nos aprendizados do "curso da vida", nos contatos com prestadores de serviços terceirizados de mão de obra, para dar assistência ao meu negócio ou oferecer mão de obra para o cliente/proprietário, inquilino. Às vezes, o simples ato de indicar ou realizar pequenos reparos ou pinturas ajuda a fidelizar clientes.

Além de criar um bom relacionamento com essas táticas, é importante também estar atento as diversas ferramentas de trabalho oferecidas pelo mundo digital. Na era da informação, ter um *site* com boas fotos e vídeos, anúncios em grandes *sites* de vendas, em jornais de bairro, mala direta, entre outros, tudo isso ajuda o corretor a divulgar seus produtos e agilizar o trabalho. Conforme o crescimento do seu negócio, você poderá buscar corretores parceiros para aumentar o seu poder de atendimento. Nesse caso, todo cuidado é pouco, recomendo sempre ao proprietário da imobiliária fazer o fechamento das vendas e atendimento pós proposta de compra ou locação para fidelizar o cliente com o proprietário e não com o seu corretor funcionário, este faz o primeiro atendimento, passa as informações e você dá andamento na documentação e fechamento do negócio, tendo assim contato e amizade com o cliente final, podendo ser o proprietário, comprador e/ou locatário.

Após esse início, a melhor forma de termos uma locação tranquila é respeitar e atender o inquilino sempre que for requisitado, dando assistência em manutenção e orientação em tudo o que for necessário até a locação estar "estabilizada". Chamo dessa forma a locação que, após 30 ou 60 dias não é necessário mais dar atendimento a ela, somente fazer contato digital. Passam anos e a remuneração mensal tranquila ajuda a aumentar a carteira de clientes. No meio desse trabalho, os locatários terão a necessidade de comprar imóveis, sair do aluguel. Você, como conquistou a confiança, a probabilidade de eles procurarem o seu serviço para a compra do imóvel é grande e os seus rendimentos aumentam sem que tenha que trabalhar novos contatos e conquistar outros clientes. O lucro é automático.

No meu ponto de vista, o corretor que quiser fazer uma carteira de locação para um futuro próximo; ter estabilidade financeira, precisa ter conhecimento jurídico para a confecção de contratos, distratos, acordos, bem como ter contato com mão de obra de custo baixo e justo, não onerando o cliente/proprietário nas manutenções em que seja obrigação do mesmo de acordo com a lei.

Hoje, no mercado, temos administradores fazendo o serviço básico, desde o atendimento ao cliente com corretores, passando pela documentação e contratos, recebimento dos alugueis, sem diferencial. Eles correm o risco de ter que trabalhar um cliente novo todo dia, sendo que é difícil o trabalho assim, pois não fideliza o cliente. Tendo o diferencial, você faz fidelidade, não tem concorrentes e a sua carteira cresce, realiza o atendimento com manutenção e zeladoria do imóvel, ajudando o locatário no final dessa locação com mão de obra para deixar o imóvel em estado igual ao que o seu cliente/proprietário entregou com custo baixo. Dessa forma, você sempre terá o imóvel para nova locação a ponto de não ter mais que fazer a capitação de novos clientes/proprietários. Com a fidelização desse cliente, a propaganda será a boca a boca, onde você como corretor, quando for indicado, não precisará mais vender o seu produto, pois já estará vendido.

O mercado em São Paulo está carente de pessoas capacitadas, oferecendo um diferencial sem custo, resolvendo todos os problemas do seu cliente, onde você fará tudo o que for necessário a fim de que o cliente/locador tenha a tranquilidade de receber o seu aluguel e pagar a sua administração e comissão feliz, não tendo como a concorrência atrapalhar os seus negócios.

Atualmente existem empresas de administração/locação digitais que oferecem uma estrutura de negócio que um corretor comum de bairro sem diferencial não conseguiria concorrer.

Após a carteira formada, o trabalho consiste em fazer boletos de aluguel, cobrança e novas locações. Com esse ciclo mensalmente, temos inquilinos saindo dos imóveis e, claro, você alugando novamente, ganhando a comissão de locação novamente e a carteira de administração mantendo os rendimentos recorrentes. Os novos clientes aumentam essa carteira, dando a segurança que você corretor precisa para trabalhar e cuidar dos seus negócios com mais tranquilidade.

Muito importante, nesse tipo de administração, é o respeito pelo dinheiro do seu cliente. O administrador tem que administrar contas a pagar e receber sempre com muita atenção, não gastar mais do que é o seu "pro labore" e sempre pagar o proprietário no menor tempo hábil. Nesse caso, pagando rápido, você administrador terá o seu lucro líquido em conta e o proprietário feliz recebendo o seu dinheiro dentro do prazo, aumentando ainda mais a fidelização.

Após anos de trabalho, recebo a solicitação de administração de imóveis de proprietários que não estão satisfeitos com outras imobiliárias e trabalham sem o devido respeito, atrasando pagamentos, usando o dinheiro do proprietário e trabalhando como uma pirâmide financeira, recebendo de um para pagar o outro. Isso, no meu ponto de vista, é "tiro no pé", lucro imediato sem visão de futuro. Ao agir assim, você estará trabalhando e não terá o cliente fidelizado, em pequenos detalhes, mesmo sem perceber, com o mercado competitivo, ele poderá procurar outra opção de administração, sendo ruim para a sua carteira de locação, onde o seu lucro real é o lucro recorrente. É preciso estar sempre crescendo, não importa a velocidade e, sim, a estrutura que vai criar para o cliente estar com você na sua carteira. Devemos somente somar clientes e nunca subtrair.

Vou contar o caso que aconteceu em um imóvel difícil de alugar. Após dois meses sem proposta segura, apareceu um interessado oferecendo uma garantia fraca (seguro fiança básico), seria a garantia somente do aluguel, os demais acessórios (consumo água, luz, pintura interna, pintura externa e danos ao imóvel) não tínhamos combinado para não aumentar o custo do seguro. Como é sabido, este cliente, após ano e meio de locação, estava atrasando aluguel, etc. Saiu do imóvel devendo os acessórios que não havíamos contratado para manter a minha carteira pensando sempre no futuro, fiz o acordo com o pintor e parcelamos os débitos de luz e água sem ônus para o proprietário. Dessa forma, o proprietário ficou fidelizado, não teve problema e nenhum tipo de aborrecimento. Logo que a casa estava pronta, já aluguei novamente e recebi a comissão do primeiro aluguel mais a administração que, no caso concreto, pagou os custos para fidelizar o cliente/proprietário. Nesse caso, a propaganda "boca a boca", em um curto período, traz ótimo resultado e novos clientes. Nesse tipo de negociação não podemos considerar como prejuízo e, sim, como investimento em novos clientes. Se pensar apenas no hoje e não investir, perderá o cliente, ficará mal falado na região e não ganhará a locação novamente.

Temos que pensar sempre para a frente. No caso de locação e/ou venda, a documentação sempre deve estar de acordo, perfeita. Não podemos olhar para a comissão ou para o lucro, a comissão e/ou lucro vem com o trabalho correto e bem feito. Nesse caso, você corretor/administrador não terá o resultado pretendido a fim de fidelizar o seu cliente se trabalhar pensando em dinheiro. Foque no trabalho e no resultado que o dinheiro virá com força. Saiba dizer não ao seu cliente se o negócio não for o melhor para ele, mesmo que seja para um lucro imediato. Diga sim ao lucro seguro e duradouro.

Em 2008, quando o mercado imobiliário "bombou", cresceu e inflacionou os preços dos imóveis, muitos investidores partiram para a compra de imóveis, especuladores compravam e vendiam com ágio absurdo, muitas pessoas saíram dos seus empregos e foram para o ramo imobiliário, com promessas de ganhos altos em períodos curtos. Esqueceram, no entanto, de fidelizar o seu cliente pensando sempre no lucro imediato sem estrutura. Resultado: hoje o mercado está em baixa e esses novos corretores que não olharam para o futuro estão desempregados ou tentando outro caminho, pois nem sempre é fácil começar outra vez em um novo mercado. Ao invés de as pessoas investirem em qualidade na época de vendas em alta, trabalharem com respeito, pensando que a sua comissão será devida após o trabalho cumprido com esmero, estão até hoje ganhando e trabalhando tendo o mesmo rendimento.

Corretor de imóveis, o profissional encarregado de intermediar as negociações de compra, venda e permuta de imóveis, locação e administração, sua missão é oferecer suporte, segurança, confiança ao cliente do início à conclusão da transação imobiliária, acompanhando e fornecendo todos os esclarecimentos necessários a fim de chegar ao objetivo final com lisura e transparência, fidelizando o cliente, sempre pensando no futuro.

Você é um especialista da venda e locação, um profissional que ajuda o futuro cliente realizar o seu sonho com segurança e a consolidar seus projetos no ramo imobiliário.

Comprar e vender imóveis é sempre preocupante para as pessoas leigas, pois oferecem o seu bem maior, que conquistaram com muito trabalho. Em muitos casos, elas estão fazendo uma única vez esse tipo de negociação, então precisam de segurança e acompanhamento por um profissional correto, bem atualizado, informado, pois somente assim farão um negócio tranquilo e seguro.

Com tantas informações, dicas e *insights*, alguns leitores podem achar que é impossível ou que eu comecei em uma época melhor do que a atual... Mas o momento quem faz somos nós, não podemos esperar o melhor momento e acredite, você é tão capaz quanto os corretores de sucesso. Com foco, planejamento e qualificação, você vai longe, pois a carreira é promissora e tem espaço para corretores de imóveis que querem fazer a diferença.

Capítulo 10

Corretagem e sustentabilidade caminham juntas?

Sergio da Silveira

O mercado imobiliário, conhecido como um dos setores que mais destroem a natureza com suas construções, vem se reinventando e colocando a sustentabilidade em primeiro lugar, para a mudança dessa visão. Cada dia mais, os clientes exigirão das empresas, que lhes apresentam um futuro imóvel, certificações de que respeitam os princípios de proteção ao meio ambiente, por meio da sustentabilidade.

Sergio da Silveira

Palestrante, escritor, advogado, gestor imobiliário, perito imobiliário especialista em PTAM – Parecer Técnico de Avaliação Mercadológica urbano e rural, com formação acadêmica em Pós-Graduado em *Marketing* Imobiliário – ESPM. Especialização em Gestão Ambiental e Empreendimentos Litorâneos – USP, Bacharel em Ciências Jurídicas e Sociais e Direitos Imobiliários – FIG, Gestor de Negócios Imobiliários – UAM. Técnico em Transações Imobiliárias – Avaliador Imobiliário COFECI/CRECI. *Expert* no mercado imobiliário em regularização fundiária e documentação imobiliária junto ao Poder Público e Privado nas intermediações de negócios, em especial venda de APP para compensação ambiental em áreas degradadas, com experiência voluntária e de liderança com inscrição na 51ª Circunscrição Judiciária de SP. Subdelegado Municipal de Ilhabela do CRECISP; Gestor Educacional da Digital Laureate International Universities.

Contatos
www.grupoecossistema.com.br
Skype: sergiodasilveira_advogado
(12) 3895-8114
(12) 99144-6465

Sergio da Silveira

É muito comum corretores de imóveis, tanto principiantes como experientes, no afã de fechar um negócio, negligenciarem a parte legal da negociação, muitas vezes por falta de conhecimento ou reciclagem na matéria. Quando se atua no mercado imobiliário em regularização fundiária e documentação imobiliária junto ao poder privado e público em intermediação de negócios, em especial na venda de APP - Área de Preservação Permanente, para compensação em áreas degradadas, é necessário conhecer a legislação para a orientação do comprador como do vendedor para se obter sucesso na venda, com sustentabilidade.

O que é o passivo ambiental? E é possível negócio?

Antes, vamos conhecer o que é passivo ambiental, segundo a Wikipédia, a enciclopédia livre. Passivo ambiental é o conjunto de todas as obrigações que as empresas têm com a natureza e com a sociedade, destinado exclusivamente a promover investimentos em benefícios ao meio ambiente... Quando as empresas ou indústrias geram algum tipo de passivo ambiental, elas têm que gerar também investimentos para compensar os impactos causados à natureza, e esses investimentos têm que ser de iguais valores. Os passivos ambientais ficaram amplamente conhecidos pela conotação mais negativa, ou seja, pelas empresas que passaram a agredir significativamente o meio ambiente e, dessa forma, pagaram vultosas quantias a título de indenização a terceiros, em multas e danos materiais e morais para a recuperação de áreas danificadas, embora possam também ser originários de atitudes responsáveis ao ambientalmente e à coletividade, que provoquem a execução de medidas preventivas para evitar impactos ao meio ambiente, sendo que os consequentes efeitos econômico-financeiros dessas medidas é que geram o passivo ambiental.

O que é APP - Área de Preservação Permanente? Pode ser negociada?

Primeiro, se constitui pela inteligência da Lei Federal n.º 12.651/2012, a Área de Preservação Permanente é uma área protegida, coberta ou não por vegetação nativa, com a função ambiental de preservar os recursos hídricos, a paisagem, a estabilidade geológica e a biodiversidade, facilitar o fluxo gênico de fauna e flora, proteger o solo e assegurar o bem-estar das populações. Não é permitido antropizar. Essa área pode ser negociável, normalmente vale menos de 30% do valor de mercado, como já dito não pode ser antropizada.

O que é APA - Área de Proteção Ambiental? Ela pode ser negociada?

A Área de Proteção Ambiental (APA) é uma extensa área natural destinada à proteção e conservação dos atributos bióticos (fauna e flora), estéticos ou culturais ali existentes, pode ser antropizada e é importante para a qualidade de vida da população local e à proteção dos ecossistemas regionais. O objetivo principal de uma APA é a conservação de processos naturais e da biodiversidade, por meio da orientação, do desenvolvimento e da adequação das várias atividades humanas às características ambientais da área. Como Unidade de Conservação da categoria uso sustentável, a APA permite a ocupação humana. Essas unidades existem para conciliar a ordenada ocupação humana da área e o uso sustentável dos seus recursos naturais. A ideia do desenvolvimento sustentável direciona toda e qualquer atividade a ser realizada nas áreas. As condições para a realização de pesquisas científicas e a visitação pública nas áreas sob domínio público serão estabelecidas pelo órgão gestor da unidade, enquanto que, nas propriedades privadas, cabe ao proprietário estabelecer as condições para pesquisa e visitação pelo público, observadas as exigências e restrições legais. A unidade deve dispor de um Conselho presidido pelo órgão responsável por sua administração o ICMBio, se for APA federal, ou órgão ambiental estadual, se for APA estadual ou municipal e constituído por representantes dos órgãos públicos, de organizações da sociedade civil e da população residente, conforme disposto em seu regulamento. Originalmente criadas pela Lei 6902/1981, as áreas de proteção ambiental são hoje reguladas pela Lei 9.985/00 e pelo Sistema Nacional de Unidades de Conservação da Natureza (SNUC). De acordo com o Cadastro Nacional de Unidades de Conservação (CNUC), até junho de 2015 existiam 294 áreas de proteção ambiental no País: 32 na esfera federal, 185 na esfera estadual e 77 na municipal.

O que é RPPN Reserva Particular do Patrimônio Natural? E pode ser negociada?

O Sistema Nacional de Unidades de Conservação (SNUC) institui, entre as categorias de Unidades de Conservação, a possibilidade de criação de uma área protegida administrada não pelo poder público, mas por particulares interessados na conservação ambiental. Essa categoria é a Reserva Particular do Patrimônio Natural (RPPN). Muitas servem para responsabilidade social de empresas e podem ser negociadas. As RPPNs foram criadas em 1990 por meio do Decreto 98.914, mais tarde substituído pelo Decreto nº 1.922/1996, e pretendiam promover a criação de áreas protegidas pela iniciativa dos proprietários particulares.

Com a publicação da Lei nº 9.985, que institui o SNUC, as RPPNs passaram a ser uma das categorias de Unidade de Conservação do grupo de uso sustentável. Elas são reguladas pelo Decreto nº 5.746/2006. Os objetivos que justificam as RPPNs são promover a conservação da diversidade biológica, a proteção de recursos hídricos, o manejo de recursos naturais, desenvolvimento de pesquisas cientificas, atividades de ecoturismo, educação, manutenção dos equilíbrios ecológicos, bem como a preservação de belezas cênicas e ambientes históricos. A iniciativa para criação de uma RPPN é ato voluntário de pessoas físicas ou jurídicas proprietárias de imóveis rurais ou urbanos que demonstram um potencial para a conservação da natureza. Uma vez que uma área se torna uma RPPN, embora o direito de propriedade se mantenha, não se pode mais voltar atrás, o *status* de área protegida privada é perpétua. Além da conservação da área natural, o proprietário da área reconhecida como RPPN desfruta de benefícios, tais como: a isenção do Imposto Territorial Rural (ITR) referente à área; a possibilidade de explorar e desenvolver atividades de ecoturismo e educação ambiental, desde que previstas no seu plano de manejo; a possibilidade de formalizar parcerias com instituições públicas e privadas na proteção, gestão e manejo da área; e preferência na análise de pedidos de concessão de crédito agrícola, junto às instituições oficiais de crédito.

Não há tamanho mínimo ou máximo para uma RPPN. O laudo de vistoria técnica realizado no processo de criação definirá se a área proposta tem ou não atributos para o seu reconhecimento como Reserva. A desconstituição ou redução da área só pode ser realizada mediante lei específica (conforme o art. 22, da lei do SNUC). O requerimento para criação de uma reserva de âmbito federal deve ser dirigido ao ICMBio, órgão responsável pela criação e fiscalização de unidades de conservação no País. Nos âmbitos estaduais e municipais, a solicitação deve ser feita ao órgão ambiental dessas esferas.

De acordo com o SIMRPPN, o Sistema Informatizado de Monitoria de RPPNs, o País conta, hoje, com 640 unidades dessa categoria. Os estados com maior número de reservas são a Bahia, com 102 reservas que cobrem 46.817 hectares, e Minas Gerais, com 88 reservas sobre 33.140 hectares. Embora tenha apenas 15 reservas, Mato Grosso tem a maior área protegida por reservas privadas: 172.980 hectares.

O que é Reserva Legal? Ela pode ser negociada?

O atual Código Florestal define a Reserva Legal como: Art. 3º Para os efeitos desta Lei entende-se por:

> (...) III - Reserva Legal: área localizada no interior de uma propriedade ou posse rural, delimitada nos termos do art. 12, com a função de assegurar o uso econômico de modo sustentável dos recursos naturais do imóvel rural, auxiliar a conservação e a reabilitação dos processos ecológicos e promover a conservação da biodiversidade, bem como o abrigo e a proteção de fauna silvestre e da flora nativa;

A reserva legal é a área do imóvel rural que, coberta por vegetação natural, pode ser explorada com o manejo florestal sustentável, nos limites estabelecidos em lei para o bioma em que está a propriedade. Por abrigar parcela representativa do ambiente natural da região onde está inserida e, que por isso, se torna necessária à manutenção da biodiversidade local. No Brasil, a Constituição da República garante a todos o direito tanto a um meio ambiente diverso e sustentável, como o direito ao desenvolvimento econômico. Não é difícil perceber que a busca da realização de um desses direitos pode vir a conflitar com o outro. O instituto da Reserva Legal é mais um dos instrumentos pelos quais o legislador brasileiro busca criar uma ponte entre esses dois interesses fundamentais. O primeiro conceito de Reserva Legal surgiu em 1934, com o primeiro Código Florestal. Foi atualizado em 1965, na Lei Federal nº 4.771 (o Código Florestal recentemente revogado) que dividia as áreas a serem protegidas de acordo com as regiões, e não pelo tipo de vegetação como é no atual Código. Fixava um mínimo de 20% a ser mantido nas "florestas de domínio privado" na maior parte do País, ressalvando uma proibição de corte de 50% nas propriedades "na região Norte e na parte Norte da região Centro-Oeste". Hoje, como visto anteriormente, o conceito é mais restritivo. A Reserva Legal, que junto com as Áreas de Preservação Permanente tem o objetivo de garantir a preservação da biodiversidade local, é um avanço legal na tentativa de conter o desmatamento e a pressão da agropecuária sobre as áreas de florestas e vegetação nativa. Ambientalistas defendem a sua preservação, o setor produtivo argumenta se tratar de intromissão indevida do Estado sobre a propriedade privada, o que diminuiria a competitividade da agricultura e a capacidade de produção do País. O percentual da propriedade que deve ser registrado como Reserva Legal vai variar de acordo com o bioma e a região em questão, sendo: 80% em propriedades rurais localizadas em área de floresta na Amazônia Legal; 35% em propriedades situadas em áreas de Cerrado na Amazônia Legal, sendo no mínimo 20% na propriedade e 15% na forma de compensação ambiental em outra área, porém na mesma microbacia; 20% na propriedade situada em área de floresta, outras formas de vegetação nativa nas demais regiões do País; e 20% na propriedade em área de campos gerais em qualquer região do País (art. 12).

Cabe a todo proprietário rural o registro no órgão ambiental competente (estadual ou municipal) por meio de inscrição no Cadastro Ambiental Rural - CAR. As especificidades para o registro da reserva legal vão depender da legislação de cada Estado. Uma vez realizado o registro, fica proibida a alteração de sua destinação, nos casos de transmissão ou de desmembramento, com exceção das hipóteses previstas na Lei (art. 18). Em geral, nas áreas de reserva legal é proibida a extração de recursos naturais, o corte raso, a alteração do uso do solo e a exploração comercial exceto nos casos autorizados pelo órgão ambiental via Plano de Manejo ou em casos de sistemas agros florestais e ecoturismo.

Conclusão do conceito de passivo ambiental. São duas as Áreas de Preservação e duas as Reservas que constituem o passivo ambiental brasileiro. Vamos tratar da recuperação de áreas danificadas que é conhecida como passivo ambiental. Muito bem, a dicotomia brasileira é habitação x meio ambiente, duas correntes que demandam essa política, uma é progressista e a outra é ambientalista. Creio que as duas vertentes querem as mesmas coisas, melhorar a condição e qualidade de vida do ser humano, porém uma quer resolver imediatamente, enquanto a outra é a progressista e quer resolver a melhora da condição do ser humano no futuro. O Brasil é um País com dimensões continentais e isso se sabe mundo afora. Aqui, se canta no berço esplêndido de um gigante adormecido. Então, nessa dicotomia, o progresso quer acordar o gigante e o ambientalista deseja deixá-lo adormecido.

Na verdade, como se percebe, a lei vem fazendo suas mudanças, porém muito lentamente. Difícil agradar a gregos e troianos. No momento, existe um novo mercado a ser pesquisado, estudado e, com pouca prática, a comercialização da APP negociada com reflorestamento das áreas degradas, além do projeto crédito de carbono, na energia limpa, negociado na Bolsa de Mercadoria. Na administração federal, entende-se que a Secretaria de Agricultura, por meio da Caixa Econômica Federal, pode financiar a agricultura familiar para que o êxodo rural volte ao interior, se fixando com máquinas agrícolas e melhorando os centros urbanos. Assim, o desenvolvimento no interior começa a renascer, expandido a área urbana e ampliando a perímetro urbano avançando na área rural, com desmatamento e degradação, aí acontece negociação da APP para mitigar em Termo de Ajustamento em área de degradação. Hoje existem condomínios de áreas de APP com vários hectares que servem para a garantia do desmatamento e são lucrativos.

Referência
BRANCO, Samuel Murgel. *Meio ambiente.* Editora Senac, 2005.

Capítulo 11

A "venda" do corretor de imóveis

Wagner Nogueira

Durante o capítulo, tentaremos aproximar do leitor todos os aspectos práticos cotidianos da corretagem, bem como as situações corriqueiras da atividade imobiliária com ênfase no aprimoramento de seu atendimento ao cliente.

Wagner Nogueira

Formado em Direito pela Universidade Paulista. Pós-graduado em Direito Imobiliário pela FMU. Delegado Titular do CRECISP. Perito em Avaliações Imobiliárias pelo CAAVI. Professor de curso do Mercado Imobiliário. Empresário há mais de 15 anos no ramo imobiliário. Colunista em portais e revistas. Consultor e palestrante.

Contatos
www.wagnernogueira.com.br
contato@wagnernogueira.com.br

O *coaching* no contexto imobiliário pode ser compreendido como a atuação do profissional de transações imobiliárias que, por meio de técnicas, extrai de suas ações e pensamentos a máxima capacidade para elevar o autoconhecimento e autodesenvolvimento aplicado a sua área de trabalho.

1ª VENDA – "VENDER-SE"

O primeiro foco a ser analisado é "a venda" que deve ocorrer diariamente, a venda de sua imagem pessoal e confiabilidade, entendida como a forma pela qual o profissional deve "se vender". Assim, para concretizar esse aspecto, o cliente precisa sentir confiança no profissional, na capacidade deste em captar, interpretar e buscar o imóvel que atenderá aos seus anseios e necessidades. Com conhecimento, técnica, idoneidade, seriedade e comprometimento com o cliente, certamente você conseguirá cativar e fidelizá-lo.

Não é possível vender algo com outro rótulo, quando o cliente procura um especialista na área, ele quer alguém que entenda do assunto e do trabalho que realiza. Por isso é essencial demonstrar, sem exageros, mediante palavras, gestos e atitudes que é grande conhecedor do mercado imobiliário e que é o profissional indicado que ele busca e necessita.

"Sou esteticista, estou como corretora temporariamente..."

Se procurar um cardiologista, não quero ouvir dele que é um ortopedista e que temporariamente está atendendo como cardiologista. Mas este é um erro muito comum e cometido por diversos profissionais que, talvez na busca de criar empatia com o cliente ou demonstrar algum tipo de cultura diversa, acabam se desvirtuando do foco principal. Então, para "vender-se", seja corretor de imóveis! Dedique-se com afinco a sua atividade e a assuma como profissão. Vivencie a experiência gratificante de ver uma família feliz após alugar ou adquirir um imóvel, e tenha a certeza de que fez parte dessa história. Orgulhe-se do seu trabalho e profissão.

Corretor coach

A apresentação do corretor de imóveis deve trazer a seriedade que o negócio exige, o respeito e o profissionalismo que requer a situação. A formalidade não deve estar presente apenas no vocabulário, mas também nos gestos, atitudes e vestuário do corretor. A aparência traz ou não a confiança do cliente em seus serviços. Procure estar sempre bem trajado e ter uma aparência fina e discreta, clássica, o *dress code*[1] é muito importante. Sabemos que o conhecimento técnico e sua dedicação não estão apenas na forma com que você se apresenta ou como se veste, mas a 1ª impressão pode ou não gerar um 2º contato. Tem-se verificado que as aquisições de imóveis se dão entre o 5º e o 12º contato do cliente com o corretor.

Seja otimista! Acredite no que faz e na concretização do negócio, seja positivo nas palavras, atitudes e ações.

"E essa crise hein, parou o Brasil né...."

Troque por: *"Que bom que o mercado está reagindo e voltando a crescer não é?"*

O vocabulário merece uma atenção à parte, o trato com o cliente sempre deve ser respeitoso. As gírias não causam boa impressão em um atendimento e devem, a todo custo, ser evitadas. Toda profissão possui seus termos técnicos e na corretagem não é diferente. Cuidados com os termos utilizados no dia a dia e procure utilizar um vocabulário formal e técnico, em especial nos documentos. Tenha atenção aos textos enviados por mensagens e *e-mails*. Procure fazer um texto padrão e salvá-lo, verifique sempre se não há erros de português e concordância antes de enviá-los e evite abreviações.

O meu corretor

O corretor de imóveis é um profissional liberal tal como advogado, médico, contador, etc. O corretor precisa criar um vínculo profissional com o cliente, para fidelizá-lo, sendo sempre lembrado em negócios futuros. Esse vínculo pode ser conseguido por meio de um bom atendimento, capaz de gerar no cliente a confiança e satisfação, além de promover o respeito pelo profissional comprometido com as necessidades dele.

Se você quer que seu cliente seja fiel, seja, primeiramente, fiel a ele!

Atenda todos indistinta e igualitariamente, não deixe da dar retorno ao cliente e um *feedback*[2] ao proprietário quanto as

---

1   *dress code* – termo em inglês que significa código de vestimenta.
2   *Feedback* – Termo em inglês que significa dar resposta ou retorno sobre determinado assunto.

impressões e eventuais sugestões que os clientes que visitaram o imóvel tenham deixado. Não deixe de dar atenção ao cliente que depende da venda da sua casa para comprar ou mesmo aquele que já realizou diversas visitas e não se decidiu, existe um tempo de maturação até a concretização do negócio e a compra de um imóvel é uma das decisões mais importantes na vida das pessoas, e as mesmas serão certamente concretizadas com aquele profissional que é atencioso e paciente.

Procure se diferenciar, pois se o cliente já foi atendido por vários corretores de empresas diversas, mas apenas um deles lhe desejou feliz aniversário ou lhe enviou um *e-mail* de boas festas, certamente este corretor será lembrado. Crie uma página profissional, esteja presente também nas redes sociais, e tenha seu contato profissional no seu celular para facilitar o registro no celular dos clientes em uma eventual busca.

Manter-se atualizado com as tendências de mercado, em especial com a tecnologia, é fundamental para a atividade, portanto não ignore ou deixe para depois para aprender ou se informar a respeito de sistemas de gestão e comunicação do seu negócio.

Outro fator de credibilidade é o seu *e-mail* profissional registrado junto ao CRECI, Conselho Regional de Corretores de Imóveis (xxxx@creci.org.br), o que trará mais segurança e confiabilidade ao cliente.

2ª VENDA – "A DO IMÓVEL"

Atualmente a maior parte dos negócios concretizados se iniciam na *internet*, seja pela busca direta, via pesquisa por meio de um portal imobiliário ou ainda por meio das conversas e anúncios nas redes sociais. O cliente está cada vez mais informado a respeito do produto, localização e valor médio, mas é importante chamar a atenção para o que ele vê e a qualidade das informações que recebe por meio dos anúncios produzidos pelos corretores.

Como estão os seus anúncios? Coloque-se na posição do cliente e pense:

- O que eu gostaria de ver em um anúncio?
- Quais informações são relevantes?
- Quantas fotos são necessárias ou suficientes? E a qualidade delas?

Uma vez adequadamente trajado, bem instruído, utilizando o vocabulário correto, conhecendo o mercado, otimista e disposto, você deve passar a pensar no segundo prisma de venda, a venda do imóvel em si.

Corretor coach

Ao iniciar um atendimento, aborde primeiramente as questões pessoais e familiares do cliente, procure saber quem irá habitar o imóvel, no que as pessoas trabalham etc. Busque filtrar as informações para compreender a real necessidade do cliente e, então, inicie um diálogo voltado para os imóveis. Deixe para especular a forma de pagamento quando isso for realmente necessário, e procure atentar-se para os detalhes e preferências do cliente.

Conheça seus produtos, procure se inteirar a respeito das circunstâncias dos imóveis antes de oferecê-los. Os clientes querem informação, dê isso a eles! Passe todos os dados e detalhes que lhe forem solicitados e procure informar, sem se descuidar, ou seja, faça *e-mails* e protocolos dos seus atendimentos, também para se resguardar, pois, assim como existem profissionais desqualificados, existem clientes de má-fé.

3ª VENDA – "QUE NOS COBRE OS OLHOS" (METÁFORA)

Muitas vezes atribuímos o sucesso de colegas ou nosso fracasso pessoal a circunstâncias externas ou a "fases", mas devemos estar sempre atentos para nossa postura, ações e comportamentos. É crucial termos comprometimento com a reciclagem pessoal, revisão de métodos e pensamentos, que sugiro que sejam feitos, no mínimo, anualmente.

"Você nunca conseguirá resultados diferentes fazendo tudo igual".

Pare e reflita, faça as seguintes perguntas:

- Que tipo de profissional eu sou?
- Estou totalmente dedicado a minha profissão?
- Onde estão meus erros? E como posso corrigi-los?
- Como as pessoas, meus colegas e meus clientes me enxergam?
- Com quem, quando e onde posso me aperfeiçoar?
- Quais são meus planos e metas para os próximos meses?

Faça uma experiência e ligue hoje para os clientes que você teve o primeiro contato há um ano e pergunte se eles concretizaram o negócio que almejavam. Certamente 70% responderão que sim, aí se pergunte:

"Por que o cliente não fez o negócio comigo?"

Esse exercício remete a uma reflexão que se faz necessária e demonstra um pouco do que tratamos no capítulo anterior quando disse que: se você quer um cliente fiel, seja primeiro fiel a ele.

No atendimento:

- Espere o momento certo para falar em valores;
- Não peça proposta, troque a frase por: "vamos fechar"?
- Não insista em sua visão ou opinião, aceite as ideias do cliente;
- Não insista em ligações e mensagens, seja ponderado;
- Coloque-se no lugar do cliente;
- Dê *feedback* ao proprietário do imóvel;
- Passe apenas informações que tenha certeza de serem corretas;
- Deixe que outros profissionais auxiliem na transação (gerente/advogado imobiliário).

Veja alguns tipos negativos clássicos de profissional já conhecidos pelo mercado e empresas, será que você é visto como um deles?

O desanimado

Reclama de tudo na vida e na empresa, só vê o lado negativo das coisas, fala mal do cliente na sala de corretores, fala mal da empresa para os clientes e é pessimista.

Frase padrão: *"Falei que não ia dar certo"*.

O descompromissado

Não gosta de regras e compromissos, não se envolve nas atividades, reclama de sistemas, de colocar placas, cumprir plantões, vestir-se adequadamente.

Frase padrão: *"Eu não sou pago para isso"*.

O amigão

Trata o cliente como amigo, dispensa formalidades, cobra o churrasco na casa nova antes da venda, manda mensagens e *e-mails* com abreviações e linguagem informal.

Frase padrão: *"Vai na minha que ele é meu brother"*.

Em síntese, seguem algumas frases-chave que estão contidas ao longo deste capítulo:

- Seja corretor de imóveis.
- Atualize-se, não fique parado, faça cursos, assista palestras, informe-se sobre o mercado por meio da *internet* e com a leitura de livros, revistas e jornais.
- Familiarize-se com a *internet*, equipamentos eletrônicos e use a tecnologia a seu favor.

Corretor coach

- Procure estar sempre bem trajado e ter uma aparência fina e discreta.
- Procure utilizar um vocabulário formal e técnico.
- Seja cortês e respeitoso com seu colega de trabalho.
- Se você quer que seu cliente seja fiel, seja primeiramente fiel a ele.
- Faça um texto padrão e o salve, verifique se não há erros gramaticais antes de enviar uma mensagem ou *e-mail* ou documento.
- Crie seu perfil profissional nas redes sociais e no seu próprio celular.
- Atenda a todos indistintamente e igualitariamente.
- Tente captar a real necessidade do cliente / família.
- Ouça mais do que fale, seja paciente.
- Respeite a legislação, o código de ética e as normas do Creci.
- Torne-se o corretor do cliente, o fidelize por meio de um bom atendimento.
- Tenha pensamentos e atitudes positivas, não reclame, tenha atitude.
- Busque auxílio com colegas ou profissionais mais experientes.
- Fale com sorriso no rosto e entonação agradável.
- Use um aperto de mão profissional.

Por fim, desejo que você tenha muito sucesso na sua caminhada profissional e, seguindo alguns desses passos, acredito que será capaz de se desenvolver mais a cada dia.